中公文庫

東ゴート興亡史

東西ローマのはざまにて

松谷健二 著

中央公論新社

ＤＴＰ　平面惑星
地　図　Stock.

目次

東ゴート興亡史

東西ローマのはざまにて

ヴォルガ川
バルト海
スモレンスク
ドン川
ビスワ川
オーデル川
ドニエプル川
キエフ
ドニエストル川
ドナウ川
タイス川
アゾフ海
テュラス
バラトン湖
クリミア半島
サバ川
ドナウ川
シルミウム
シンギドゥヌム
黒海
サロナエ
マリッツァ川
ビーザンツ
(コンスタンティノポリス)
ヘラクレヘア
アドリアノポリス
カルケドン
テッサロニキ
ニコメディア
マルマラ海
エーゲ海
アテナイ
スパルタ
イオニア海

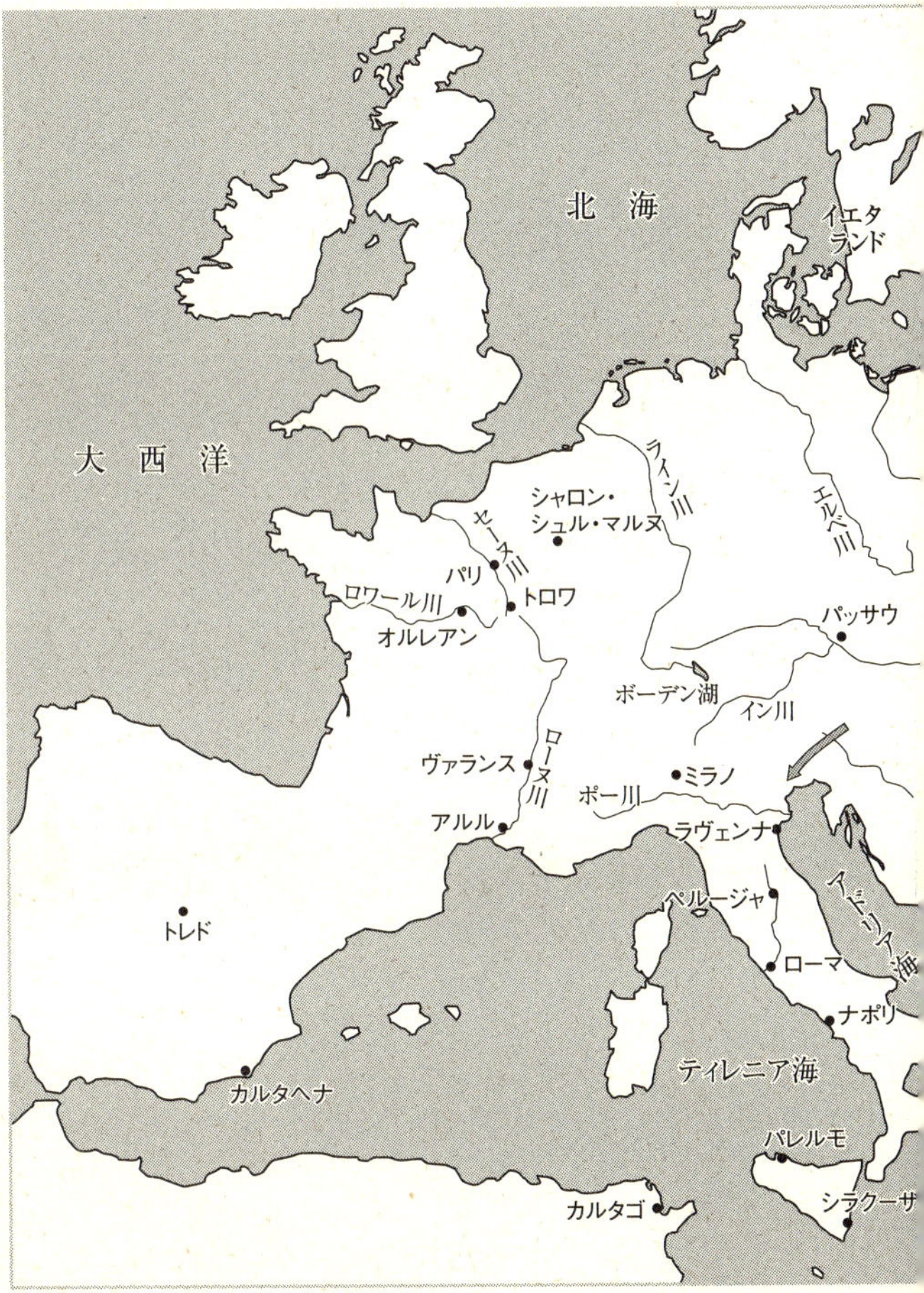

（東）ゴート族勢力圏の変換図

はじめに

「アマラスウィンタ様が死んだとよ」

ロンバルディーアでも、ウンブリアでも、はたまたカンパニアでもかまわないが、どこかイタリアのちいさな町のちいさな酒亭で、ふたりの男がかわらけの酒を前にしていた。どちらも近在の農夫らしい。ときに西暦五三五年の初冬。

ひとりはたいていの町や村にかならずいる情報通で政談好き。もうひとりは聞き役である。

「それもただ死んだわけじゃない。殺されたんだ。大騒ぎらしいぞ、ローマでも、ラヴェンナでも」

「だれだね、そいつは？　おかしな名前じゃないか。舌を嚙みそうだ。ローマ人とはちがうな。男か、女か？」

「なんだ、知らないのか、おまえさんは」情報通のほうはあきれてみせた。「舌を嚙みそうだといったって、クリュタイムネストラなんて女王様だっていたんだ、昔のギリシアにな。ましだぜ、それにくらべたら。女王さまよ、アマラスウィンタってのは。ゴート人の」

「ゴート人のねえ。テオドリコ様なら知ってるがな。せんだってお亡くなりになったろ。せんだってといっても、もう七、八年になるか」

「そうよ、そのテオドリコ様の娘よ」

「ていうと、おれたちを治めてなさる女かね？」

「ま、そうもいえるわな。昔からのローマ元老院に命令できるんだから」

「それが殺されなさったのか。とんでもねえことじゃないか。世の中、乱れなきゃいいが。しばらくはいいご時世がつづいたのによ」

「ほう、おまえさん、土くればかりいじくってて、ものは知らないと思っていたが、そうでもなさそうじゃないか。けっこう先の見通しだってありそうだ。そこだよ、おれも心配してるのは。ゴートの王様のテオドリコがな、オドアケルを殺して、イタリアのご主人になったわけだ。ビザンチンにかまえてござる東の皇帝さまの名代のかたちでな。オドアケルのことは知ってるな。わしらにはあんまりなじみはなかったけどよ。ゴート人じゃないが、やっぱりゲルマンの出だそうだ。イタリアじゅうにいたゲルマン人傭兵の力でここの王様になった。おかしいといえばおかしな話よ。悪いお人じゃなかったようだが、テオドリコ様にしてみりゃ目の上のたんこぶだ。それが四十年前、おれたちが生まれたころの話。テオドリコ様はよく出来たお方でな、それからこのかた、世の中もめごとも少なかった。

おかげで、この町もおれたちの村も、ほどほどに栄え、ほどほどに蓄えもできたものよ。そりゃ亡くなる前にはいろいろとけちもついたようだが、そいつは仕方ない。神さまじゃあるまいし。だがなあ……」

「で、何者かね、そのアマなんとかいう女王さまをあやめたのは？」

「テオドリコ様の重臣たちだとさ」

「まさか」

「本当だ。いろいろあったらしい。はたから見てると、うまくまとまっていたみたいだったが、それどころじゃなかったんだな。無理もないとはいえるがね。考えてみな、言葉もちがえば、風俗もちがう。もともと生まれもちがう。そういうのが女房子供連れでどかどかはいってきて、主人づらしていついちまった。外敵から守ってやるとかなんとかいってな。いくら治め方がいいっていったって、長つづきするはずがないだろ。ローマ人とゴート人のあいだ、ゴート人同士、ローマ人同士でも、ずいぶんぎくしゃくしてたというぜ。テオドリコ様が亡くなったあと、そういうのがどっと噴きだして宮廷で血なまぐさい対立が……」

「おれにもわかってたよ、そのくらいは」

「ふうん、人は見かけに……」

「……よらねえものさ。で、どこなんだ、あやめられたのは？」

「よくはわからないが、ボルセーナとかいう湖のなかの小島だそうだ。そこに幽閉されててな。ローマから北にふつかも歩けばつくというけど。知ってるか」

「いいや。だけど、ラヴェンナに宮殿があったんだろうが。そこから長い道のりを連れてかれたのかよ。かわいそうにな。美人なのかね？」

「そういう話だ。あわれを誘うぜ。こいつは噂だがよ、おまえさん、東の皇帝ユスティニアヌス様は知ってるだろ？」

「名前だけはな」

「あたり前だ、面識があってたまるかよ。で、お妃のテオドラ様は？」

「皇帝様のことより知ってるよ。絶世の美形だってな。もとは女優だったそうじゃないか、本当かね？」

「本当よ。で、そのテオドラ様がアマラスウィンタ様を殺せと裏でそそのかしたとか」

「やっかんでかね？」

「ほう、なかなか鋭い。ま、そういうことになってるが、噂は噂だ。あてにはならねえさ。だがな、東の帝国が軍勢を派遣してくるというのは、どうやら本当らしい。皇帝様はアマラスウィンタがご贔屓だったしな。戦争をおっぱじめる理由にはなる。テオドラ様の一件の噂のもともそこにあったらしい」

「いくさになるのかね。困ったことだ。でも、正直なとこ、なんだって東の軍勢が攻めこんでくるんだ？」

「知るもんかい。この土地をゴート人にまかせておくのが惜しくなったんじゃないのかね。はらが決まったら、理由はいくらでもつくもんさ」

「つまり、東の皇帝様がゴート人と戦うってのか？」

「そりゃそうよ。西のローマ人を相手にするはずがないだろうが。ローマ人はローマ人、東と西に別れても兄弟同士。ここの軍隊といえばゴート人だけだしな」

「なんだかややこしいな」

「まったくだ。ややこしい。正直いうとよくわからん」

「そういえば、ちかごろこの町でも親ゴート派と親ローマ派ができてるっていうが」

「おや、おまえさん、本当に見かけによらないね。何も知らない顔をしてて。油断がならない」

「で、おまえさんはどっちだね？」

「あぶない、あぶない、そう簡単にいえるかよ。訊いてどうする？　そういうおまえさんは？」

「ご同様さ。友達だろ、そういうことは訊きっこなし」

「わかったよ。こういう話は禁物だ。もうよそうや。そりゃ、こういうことでまっさきにびくびくしなくちゃならないのは大旦那がた。そうとはわかってるが、わしらにしたところで、うっかりするとな……ところで、おまえさんとこの子牛だが……」

ふたりはかわらけを干し、酒亭の娘を呼んでもう一杯注文した。

この田舎論客の推測はおおむね正しかったようだ。それから十四世紀以上もへだたったいま、われわれにはもう少しくわしいことがわかっている。しかし、そこに話をもっていくには、この時点よりさらに数世紀さかのぼって物語を始めなくてはならない。

一　民族大移動の時代

故郷を捨てて

それがいつのことだったか、さだかではない。ともかく紀元前一世紀のころ、いまから二千年以上も前の話である。北部ヨーロッパ、ことにスカンディナヴィアではいやな気候がつづいたらしい。そのころ、南部スウェーデン、いまイエタランドと呼ばれているあたりに暮らしていたゲルマンの一部族は、悪い予感におびえていた。このままではいつ飢饉に襲われるかわからない。

農業と牧畜、それに狩猟がかれらの生活を支えていたのだが、こういう気候がつづいては、じりじりと増える人口をじき養えなくなることは目にみえている。冬が異常に寒く、春の到来は遅く、畑の作物も牧草も育ちがわるい。家畜はやせ、次々と死んでいった。夏はみじかく、ほっと息をつくひまもなくて、また常よりきびしい冬を迎える。来年はましだろうとの希望はそのたびに裏切られた。ちなみに前二世紀の北ヨーロッパの平均気温は現在より二・五度低かったとされている。

ゴートと自称していたそこの人々は、当時すでにかなり強力な王権のもとにまとまっていたと思われる。戦いを好み、戦っても実際に強かった。ゲルマン人の遠い祖先は、それよりもずっと昔、さらに北方からこの地に攻めこんできたとされる。いわゆるインド・ゲルマン語（またはインド・ヨーロッパ語）を話し、死者を屈曲したかたちで埋葬する習慣をもっていた民族だが、それが巨石文化の担い手とされるこのあたりの先住民族を征服し、以後いく世代もかけて混血をかさね、その結果、しだいにゲルマン人というものが形成されていったのだという。ゴート族はその一派だ。しかし、こういういきさつは紀元前一世紀ごろにはすでに神話の世界になっていたと思われる。

いま、ゴート人のあいだには危機感がみなぎっていた。このままでは自滅である。なんとかしなくてはならない。生きていくには土地を獲得するほかない。そのころは人ひとり暮らすのに、いまよりはるかに広い土地が必要だった。文字どおりの生存空間。大地に頼らない産業を興して国民経済の基盤にするなど問題にならない時代の話である。しかし、その戦闘力をもって近隣をしたがえたとしても、あまり意味はなかった。現状の打破にはならなかった。似たような自然状況下にある土地を剣によって征服しても効果は薄い。そのことをかれらは知っていた。問題の解決は南にあった。かれらの本能は陽光を求めた。かれらにとり、太陽とはいつも海の向こうから昇るものであった。これは一種の憧憬のシンボルのようにもなっていただろう。

世界史の教科書で「ゲルマン民族の大移動」とされるもののひとつが、こうして始まった。かぞえきれないほどの集団移住のひとつに過ぎない。ありていにいえば、食えなくなって故郷をあとにしたのである。

十九世紀の浪漫主義時代からナチス時代にかけドイツでは、金髪碧眼の北方戦士の群れが、楯をかまえ長剣を振りかざし、傲れるローマを挫かんものと勇躍故国を出撃するシーンが描かれた出版物がよくあったが、無責任もはなはだしい。そんなものでなかったことだけは確かで、武装難民といったほうが事実に近かろう。

とにかくゴート族は海を渡った。バルト海である。全員が故郷をはなれたのではない。あとに残ったものも相当いたはず。人口が減ればここでも暮らしていけるのだ。推測するほかないが、半数が国を出たと考えてもいいだろう。さまざまな別れの悲劇があったことだろうが、ゴート族はここでいちおう分裂を覚悟したはずだ。遠征が成功するかどうかまったくわからない。賭けなのである。どういう基準で出国組と残留組がえらばれたのかは不明だけれど、ひとつ確実にいえるのは、出国組に積極的志向の持ち主が多かったであろうことで、先遣隊はまず戦闘部隊だった。

バルト海は荒海ではない。ゴート族はすでに前々からそこの航海になじんでいたと思える。大陸部ビスワ（ドイツ名はヴァイクセル）河口までの距離はせいぜい二百キロメートル。大冒険というほどではない。いまのポーランド領グダンスク（旧ドイツ名ダンチヒ）に上陸して、そこを最初の橋頭堡にしたとされ、ゴティスカンツァと呼ばれたらしい。

五五〇年ごろ、ヨルダネスという（アリウス派の——アリウス派についてはあとで述べる）ゴートの僧が、孫びきが多くはなはだ不完全ながらも、いまに残る唯一のゴート史を書いている。それによれば、海を渡った船は三隻ということになっている。うち一隻は少し遅れ、のちにゲピード族とよばれることになる部族を運んだそうだ。実際このゲピード族はのちのちまで陰に陽にゴート族と深いかかわりをもちつづける。この数字をそのまま信用することはない。古来、洋の東西を問わず、なぜか三という数にはなにか呪術的なものがあり、こういう伝承ではよく使われる。異民族の土地に橋頭堡を確保するのに、三隻の船が運ぶ戦闘員では少なすぎる。船といっても大型船のはずもなく、一隻あたり多くて武装兵百名ほどを乗せたとみるのが妥当であろう。三隻というのは比喩で、ゴート族のなかでの、別々の氏族のことなどをさしていったのかもしれない。時間をずらして出航した三船団とも考えられる。ヨルダネスはキリスト教徒だから言及しなかったろうが、行動を決めるにあたっては祖先の時代から崇めてきた神々に託宣を求めたにちがいない。この集団を率いるのはベーリヒという名の王だった。実際は首長といったイメージであろう。

以前から住んでいた人間にとっては迷惑きわまりない話だが、海のかなたからやって来た新来者は、武力をもって着々と周辺を手中におさめていった。先住者と新来者のあいだには軍事力で格段の差があったらしい。いまならばたちまち国連の軍事介入を呼ぶ行動だが、当時はそれがあたり前、おたがいさまなのだった。敗れるのがいやなら、いくさ上手であるほかない。以来、世の中もこの面ではそれなりに進歩したものである。

屈伏したなかにはゲルマン人もいるし、そうでないのもいた。ゲルマン人同士の連帯感などはのちのちまで皆無だった。おたがい言葉はなんとなく通じあったはずで、これは重要なことと思うのだけれども、いざというときに協力してことに当たろうという気持ちはないといってよかった。このことは記憶にとどめておいていい。このときゴート族に敗れたゲルマン部族のひとつヴァンダル族は、のちに、あろうことかアフリカにまで押しわたり一大王国を築くのだが、そこであえなく短命で滅びている。

ゴート族の軍事的成功のしらせはただちに故国につたわり、後続勢力が次々と海をこえてやってきたことは容易に想像できる。ここまで南下すると気候もかなりおだやかであり、征服者、強者としてさまざまな利点を享受できるのは当然で、暮らしもかなり楽になったはずである。それはいいが、出産率も相応にたかまって、やがてそこでもせまいと思うようになった。きりがないといえばきりがない。

ゴート族の二度目の旅を追う前に、ゲルマニアと呼ばれていた広大な地域とローマとの関係をおおざっぱに見ておこう。

ゲルマニアとローマ

ギリシア、ローマといった地中海世界の人間にとり、ゲルマニアは秘境にはちがいないが、謎の土地というほどでもなかった。コロンブスの登場まで人々が大海原のかなたに対して抱いていたイメージとはちがう。商品の流通もそれなりにあった。最も有名な品物は琥珀である。琥珀は針葉樹の樹脂が主として海底にうずもれて化石となったもので、古くより知られていた。北アフリカ、シチリア、リグリア、スキティアにも産するけれど、バルト海のものが上等だと、人々は昔から知っていた。バルト海海底の第三紀層から洗いだされ、岸に打ちあげられたのを採取するのである。ギリシアでは太陽神ヘリオスの娘ヘリアーデがポプラの樹に変えられたのを嘆いての涙とか、黄色い竜涎香《りゅうぜんこう》などと呼ばれた。装飾品としてのほか医療用にも珍重された。これで患部をこすると静電気を発し、ものを引きつける。その結果、皮膚面に刺激が生じ、人々はそこに不思議な力を見た。人間の心理として、大金を投じて買いもとめ、効くと信じてこすれば、暗示効果で実際に治癒した例も多かったであろう。中世末期まで琥珀は万能薬とされていた。いまでもグダニスクのドウーギ広場周辺には琥珀を売るちいさな店がならんでいる(ちなみに琥珀はギリシアではエーレクトロンといった。〝輝くもの〟のこと。これがエレクトロニクスの語源である)。

琥珀交易の痕跡は紀元前一六〇〇年ごろにさかのぼるというから古い。その交易路としては、エルベ川からバイエルンを通り、アルプスの峠を越えるもの、ボヘミアのモルダウ川によるもの、ビスワ川からシュレージエン、メーレン地方、さらにウィーンを通過してアドリア海に出るもの、ヴォルガ川からコンスタンティノポリスを経るものといろいろあったようだ。距離はむろん比較にならないほど短いけれども、シルクロードに相当する琥珀ロードの存在は確認されている。

古くからローマ人はアルプスの北に未知の要素の多い広大な未開の土地がひろがっていることを知っていたし、ゲルマン人もアルプスの南で、豊かな、あたたかい土地に、すでに高い文明が築かれていることを知っていた。

しかし、はじめローマはその地にさして関心をよせなかった。琥珀のほか、そこの女性たちの見事な金髪がローマの上流夫人のお気に召し、かつらの材料としてさかんに輸入されていたぐらいである。

だが、アルプスの北が、まるで地殻変動を思わせる自然現象ででもあるかのように、あるとき、大きくゆれだした。そのゆれが最初から直接ローマ世界と衝突したものは、ローマ側の記録にくわしく残っている。いちばん顕著なのが、やはりゲルマンのテウトニ族とキンベリ族の侵攻だった。これはユトラント（デンマーク名ではユラン）半島東部とエルベ河口のあたりに住まいしていた種族で、突然の高潮に壊滅的打撃を受けて、故郷を捨てた。ここのところがゴート族の場合と異なる。この種族が強力な武装難民の大軍となって南下し、いったんエルベ川をかなり上流まで遡り、ついでマインツ近くでライン川にとりついた。紀元前一一〇年のことである。

さらにいまのフランスであるガリアに侵入し強引な略奪行をつづけ、ついにローマの縄張りである南ガリアで、迎撃するローマ軍団を殲滅させた。これが紀元前一〇五年のこと。〝フロル・テウトニクス――テウトニの狂乱〟という言葉はここに生まれた。ほぼ一世紀前、カルタゴのハンニバルのためローマ軍がカンナエで想像を絶する敗北を喫したときとおなじように、ローマ市では人身御供をささげて、国難の去らんことを祈ったという。その二年後、かれらは二方面からイタリア本土への侵攻を図ったが、ローマの新将軍マリウスはマルセイユの北、アクウァエ・セクスティアエで完璧な勝利をおさめ、テウトニ族もキンベリ族もここに歴史の舞台から消えるのである。

その後もそれに類する有名な例をあげると、勢いさかんな西ゲルマンのアリオウィスト王がラインの南に勢力をひろげようとケルト族を煽動しつづけたが、ユーリウス・カエサルによりアルザスで大敗北を喫した。このあたりはカエサルの『ガリア戦記』にくわしい。以後、まずは国防上の理由から、ローマとしてもこの地方への関心を深めないわけにいかなくなった。そこでの防衛線をかためておかないと、帝国の北辺は始終脅かされ、大穀倉であるガリアの存在があぶなくなる。イタリア本国は平地が少なく、面積としては全体の六分の一にすぎない。しかも、その七十パーセントが北よりのポー平原にあるのだ。このため紀元前一二年からローマ軍の北辺の活動は活発となり、一時はエルベ川まで進出した。だが、西暦九年、ローマの三個軍団がアルミニウスの率いるケルスキー族のため、壊滅的打撃を受けた。ほぼ全滅である。戦場のトイトブルガー・ヴァルトはいまのパーデルボルンの近くとされるが特定はされていない。これはやはり第二次ポエニ戦役のカンナエの敗戦にくらべられる悲劇で、ローマのゲルマニア戦略は頓挫し、ラインとドナウのあいだに防壁を建設することで満足するほかなくなった。

そのころのゲルマン兵の平均身長は骨格を調査したところ百七十センチを少しうわまわっていたが、ローマ兵はかろうじて百五十センチ。ともに現在より小柄ながら、両者の差には歴然たるものがあった。身長が二十センチ以上違えばどうしても低いほうが威圧される。それを補うものはローマ側の武器であり、規律であり、戦略、戦術であったわけだが、その面でも両者の差がちぢむにつれ、勢力関係が逆転する。それはまずローマ軍内でのゲルマン人傭兵の増加にあらわれたが、これはもう少しあとの話である。

ドニエストルと黒海へ

ベーリヒの五代後のフィリメルという王のとき、ゴート族はまたしてもこのグダンスクをあとにした。上陸以来それほど時間はたっていない。西暦一世紀の半ばごろか。ここでも豊かに生きていくには、たしかにせますぎると思うようになったのだろう。そこから南西にも南東にも広大で肥沃な土地がひろがっているとわかったこともある。しかし、現代のわれわれから見ると、どうも思い切りがよすぎる。せっかく血を流して築いた橋頭堡を中心にした新しい王国である。それをそう簡単にあとにできるものなのか。こうなると、たんに経済的事情というほか、冒険欲ともいうべきなにかが作用しているのではないかと思いたくなる。冒険欲と好奇心だ。ドイツ語には Fernweh という言葉がある。Heimweh（郷愁）の反対で、〝遠くへの憧れ〟という意味だが、綴りの後半の weh は本来〝苦しみ〟を指す。それをしないと、いても立ってもいられない。苦しいのである。制御にむずかしい厄介な本能なのかもしれない。これはなにもゲルマン人の専売ではなく、程度の差こそあれもともと人間にそなわっているものなのだろうか。

ともあれかれらはふたたび旅に出た。今度は陸路を南東に向かって。全員が新たな移動に参加したのか、それとも一部はグダンスク付近に残ったのか、それはわからない。大局から見ると、本拠地である故郷との連絡はこの橋頭堡を通してするほかはないのだから、かなり強力な兵力がそこを固めていたとも思える。しかし、現実にはこれ以後のゴート族はほとんど故郷とのつながりを持たなくなっている。ここで決定的断絶があったのかもしれない。

南東をめざしたのは、ローマとの接触を避けるためだったとも考えられる。テウトニ族、キンベリ族の悲運は当然かれらのところまでつたわっていて、いまだ記憶に鮮明であったはずで、警戒したのかもしれない。また、前項で述べたアルミニウスのローマ軍団撃滅という新しい情報もあったはずで、別の警戒心が働いたとも想像できる。たしかに南西地域はほかのゲルマン諸族によってかなり以前からしっかり固められていて、はいりこむ余地は少なかったろう。しかし、あえてローマ世界の覇権やゲルマン諸族の既得権に挑戦する必要もなかったわけだ。当初の望みは、豊かに暮らせればそれでよかったはず。それなら、南東には広大な平原がつづいている。そのあたりは当時、政治的に空白地帯といってもよく、散在する原住民はゲリラ戦士としては手強いものの、組織された戦力はもたず、所詮ゴート族の敵ではなかった。そのことはグダンスクの橋頭堡周辺の戦闘で経験ずみであった。

戦力というものは、組織するのはたいへんだが、勝利しているかぎり、その維持は比較的に楽だ。厳密な意味での職業軍人階級はまだ成立していなくて、戦士全員が多少なりとも生産にかかわりあっていた。高品質の鉄鋼石を多く産したスカンディナヴィアでは、当然、鉄器時代の訪れは早く、ゴート族の武器の質はこの周辺の原住民のそれとは比較にならぬほど優れていた。

どういうかたちで移動していったのか、想像は容易ではない。ともあれ軍隊のみの遠征ではなく、家族ぐるみの移動なのである。家財道具に家畜なども連れていっただろう。十九世紀アメリカの西部開拓における幌馬車隊を思いえがけばいいだろうか。ただ、比較にならぬほど大規模で、移動速度はずっとのろかった。おそらくは十万人もの集団が数グループに分かれ、馬車の列をつらねていったのではないか。原住民の襲撃があれば、馬車を円形にまとめて応急の砦とし、女、子供はその内部にかくれ、男たちが守って戦う。

遠くに特別の目標を定めているわけでもなく、気にいったところがあれば、そこに腰をすえた。周辺の住民をしたがえ、交渉し、武力を提供する代わりに貢を求めることもあっただろう。十年、二十年、三十年をそこで過ごしたかもしれない。だが、ビスワ（ヴァイクセル）川と黒海とのあいだにゴート族の特徴をそなえた大規模の墓所はないから、一か所に長期滞在はせずに前進をつづけたものと推測される。

シベリア経由で日本とヨーロッパを結ぶ航空路はこのあたりを通り、機上から眺めても広すぎるほど広い。黒海の北、バルト海にかけてひろがるのはまさに陸の大洋。それとわからぬ程度に地味な分水嶺はスモレンスク付近にあった。ブーク川、プリピャチ川とたどってきたゴート集団は、ドニエプルの大河にとりついた。伝説によるとその渡河のとき、舟でつくった橋が壊れて、全員が渡りきれず、両岸に別れて進んだという。そして合流しないままキエフまで来たのか、それ以前に左右に別れたのか。

おそらくはそのキエフを都として、ゴート族は着々と大王国を築いていった。黒海の北は古来ギリシア人の穀倉だったわけだが、その面での衝突はあまりなかったらしい。その力が頂点に達したエルマナリク（もしくはヘルマナリク）の時代、三六〇年ごろにはドニエストル川からドン川にいたる南ロシアを版図とした。移動の大波にのって故郷を出奔したゲルマン諸族のあいだでは出世頭であった。もっとも厳密にいっての国家ではない。ゴートの戦士が交易路を支配下におき、その武力をもって盗賊から商業活動を守ったというところであろう。原住農民は西から流れてきた民族が自分たちを支配していることなどほとんど意識していなかったかもしれない。国家の成員もゴート族のほか、各種ゲルマン族、フィン族、スラブ族、ペルシア系諸族、フン族など当然ながら多彩であった。しかし、エルマナリクのこの大王国については記録が残っておらず、具体的なことはわからない。王国の境界線などもはっきりせず、またある種族が貢をもって保護を求めれば、それでその種族は従属の民ということで、明確な国家形態をもたず、ローマ帝国と同じ意味での国家とはいいがたい。

このころゴート族はすでにふたつに分かれていたとみられる。いわゆる東ゴートと西ゴート。ローマの文書によるとドニエストル川からドン川にかけての南ロシアの平原に住むゴート族をグルツンギ・アウストロゴティと呼称している。もとは〝砂がちの平野に住まいなす者〟の意味という。これに対し、ドニエプル川の西からカルパチア山脈の麓とその周辺に住むゴート族はテルヴィンギ・ウィシゴティと呼ばれた。これは〝森に住む者〟

を意味する。テルヴィンギがのちに西ゴートになるのだが、アウストロにしろウィシにしろもともと方位を意味する名前ではなかったというのが定説である。しかし、偶然ながらも名称を方位に関係づけるほうが、以後のふたつの部族の動きを見るにも便利なので、この使い方が定着してしまった。アウストロはオスト（東）に、ウィシはウエスト（西）に、それぞれ音が似ている。われわれもそれに倣う。さきに言及したドニエプル渡河のとき、橋が壊れてふたつの群れに分割したという伝説は、このあたりを示唆するものなのかもしれない。

フン禍

南ロシアのゴート王国は長続きするかにみえた。ほかの勢力と組んでローマ帝国軍といくどもことをかまえたり、東地中海方面への略奪遠征行が目立つ時代がつづいた。ローマ側が大敗を喫したこともまれではなく、ゴートを中心とした勢力は確実にローマの強敵のひとつに成長しつつあった。ローマが手こずった子細は、ことに西ゴートについて歴史に残っている。これはかれらがローマ領土に近いほうに住んでいたためである。たとえば、三三二年、大帝とされたコンスタンティヌスは西ゴート族たちと協定を結んで手なずけた。ゴート側は皇帝の定めた国境（ドナウ川）を守り、ローマがかかわる戦争には一定数の兵士を出し、代わりに助成金をもらう。これによる平和は三十五年もつづき、このあいだにゴート族は時間をかけてローマ文化を摂取できた。かれら独自のルーネ文字がギリシア文字とラテン文字の影響をうけつつ完成したのも、このころのことと思われる。三四〇年ごろには西ゴート地区で司祭ウルフィラが聖書をゴート語に訳すなどして、文化面での活動もようやくさかんになりかけていた。しかし、はるか東方からの一大災厄、つまり、その後の世界史をゆるがす大事件に見舞われたのが三七五年前後のことである。

それはまさに穀物畑をかたはしから食いつくすイナゴの大群であった。ただし、このイナゴたちは武装していて、あきれるほど騎射に巧みであった。なによりその迅速な機動性に人々は肝をつぶした。フン族の侵攻である。

フン族の明確な正体はいまだに明らかでない。確実なのは遠い中央アジアの産らしいということぐらいで、残った言葉の断片にはシベリア起源のものもあるという。その昔、中国に万里の長城を築かせた匈奴とかかわりありとするのが一般の見解だ。まったくの遊牧の民、ノマード。ジンギスカンの先駆けとするのも当たっていなくもない。よく考えてみると、一民族の起源がわからないというのはちっともめずらしいことではないのだが、このフン族の場合などは、いきなり出現してローマ世界をあっという間にかきまわしただけに、なんとなく特別に奇異な印象を受けざるをえない。こういう印象は当時の人々にも共通したものだったらしく、奇妙なゴートの伝承がある。人々を率いてグダンスクをはなれた例のフィリメル王がスキタイの地（ここでは黒海とカスピ海のあいだあたりを指しているのだろうが、フィリメル王がここまで来たはずはない）にいきついたとき、そこにいく人かの魔女を見出した。王は彼女らがゴート族に災いをなすことを恐れ、荒野に放逐した。そこをさまよううち魔女たちはやがて荒野の悪霊と情をかわし、醜悪な子供たちを生んだ。子供たちは湿地に住み、人間とはあまり似ていなくて、それが話す言葉も人間ばなれしていた。それがフン族の先祖だという。すさまじい差別観である。ローマにとってゲルマン人は蛮族だったが、それどころではなくゲルマン人がフンを怪物視していたことを、この伝承は語っている。

フン族の一部はもともとゴート王国にもいたようだから、まったく未知の存在ではなかったわけだが、ある日、突然東からおしよせて来た大軍はべつだった。フン族は陸の大海原のかなたから砂塵をまきあげてあらわれ、ドン河畔に暮らすイラン系のやはり遊牧の大勢力アラニ族をしたがえると、それと連合してゴート王国に攻めこんだ。おそらくかつてのゴート族と同じように、きびしい冬にさいなまれて、西をめざしたのではあるまいか。ゴートの大王と称されるエルマナリクはかなりの期間、果敢に抵抗したが、不意を衝かれ、相手の見慣れない戦術に攪乱され、その結果、敵の勢力を過大に評価したこともあったのか、自殺を遂げたという。百十歳だと伝説にはある。百十歳は誇張だとしても、異例の高齢だったことは確かで、やはり判断力が鈍り、短絡的行動をとる傾向が生じたと考えるのは酷だろうか。

東ゴート王国がフン族の来襲であっけなく崩壊したのには、この老王個人の責任も若干あるかもしれない。しかしその自殺も、絶望のあまりというのではなく、おのれを生け贄として民族の運命を変えようと思ったのだとする説も否定しきれない。この王は後世の英雄叙事詩にたまに登場するけれど、あまり好意的には描かれていない。むしろ敵役である。なかにはテオデリックの先祖なのに、そのテオデリックに討たれてしまうという伝説さえある。どう考えても損な役割で、気の毒なほどだ。

若い指導者に交替しても、ゴート王国にとり戦況は好転しなかった。フン族は正面きった野戦を挑まない。ゴート軍の突撃を巧みにかわし、側面から矢の雨を射かける。ゴート族には、飛び道具は卑怯だという思いがつきまとっていたらしい。武器として重要視していなかった。フン族の矢の先端には骨を鋭く削ったものがつけられており、それによる傷は致命的だった。しかも、フン族の最大の武器はそのスピードであった。攻めるときも退くときも、その顔さえわからないほどだった。たまにフン側が密集部隊で攻撃をかけてきて、ゴート側が応戦に赴き、うまく包囲捕捉したと思っても、あっという間に相手はばらばらになり、どこかへ消えてしまう。その機動性こそ草原の民に生まれながらにそなわった本能であった。ゲルマン族の戦術は基本的にはローマ軍のそれと似ていたが、フン族のそれはまったく違うものだった。真似しようとしても無理だ。馬上からの投げ縄もゴート族がはじめてみる新兵器で、これにからめられるとどうしようもなかった。要するに、ゴート族がフン族に屈したのは、一大会戦に敗れたためではなく、無数の小規模戦闘でかきまわされ手も足も出なかったからである。

とにかく東ゴートはもろくも独立国家ではなくなり、内部分裂がその結果となった。もとの場所に住みつづけることをフン族幹部から許された者もあったが、多くはフン軍に組みこまれ、その略奪の手伝いをすることになった。面目ない話のようにも見えるが、本人たちにはまんざらでもなかったらしい。戦争と冒険はもともと性にあっているのだから。かれらにしてみれば傭兵の一種で、こういう取引きはのちにローマ帝国とのあいだであたり前のものとなる。兄弟にあたる西ゴート族のもとに避難した者もけっこういたはずだけれど、これは無駄だった。西ゴート族にも東ゴート族と同じ運命がドニエストル河畔で待っていたのである。分裂状態がそれなりに定着するまでにおよそ一年が経過したといわれる。

異形のフン族にも王はいた。当然である。ヨルダネスの魔女伝説にまどわされ、怪物の集団だと思うのはむろんまちがっている。エルマナリクを自殺に追いこみ、その後継者ヴィニタリウスを矢で殺したフン王バラムベルは、エルマナリクの孫娘を妻とした。その子フニムンドが東ゴートの王位をつぐ……と、されている。しかし、これはすこぶるあてにならない情報であって、そもそもこのあと半世紀の東ゴート族の正確な歴史をつづるのは不可能といっていい。そのあいだ、かれらはフン族の仲間として行動し、ローマや、ほかのゲルマン族とも戦ってきたし、兄弟の西ゴート族は、ときとしてローマに歯をむきながらも、おおむねその助けを乞いつつ、戦いと略奪、交渉と放浪のなりわいをつづけた。

そのうち特筆すべきは三七八年八月九日、アドリアノポリスの会戦である。フン族に追放されて飢え、衰えた西ゴート族に対し、東ローマはまったく同情しなかったどころか、相手の弱みにつけこんで意地のわるい搾取のかぎりをつくした。犬の肉を途方もない高値で売りつけたり、ゴート族の武装解除を求めたりした。我慢に我慢をかさねた西ゴート族もついに戦いに立ちあがったのである。戦場アドリアノポリス（ハドリアノポリス）はいまのトルコ領エディルネのあたりか。そこで皇帝ヴァレンスのローマ軍は完敗した。かろうじて生きのこったのは三分の一しかいなかったという。短期間で西ゴート族がここまで力をつけたのは奇跡に近いが、勝利を利用する術を知らなかった。この点、テウトニ族などに似ている。せっかく勝者となったというのに、敗者と妥協し、その臣下となってしまった。それほど生活に追いつめられていたともいえようが、要するに指導者に外交能力がなかったわけである。

王国滅亡後の東ゴート族とアッティラ

それなりにまとまりかけていた既存社会に強引ななぐり込みをかけ、ローマ帝国の土台をゆさぶりはじめたフン族は、アッティラという異才のもとでその最盛期を迎えた。アッティラのフン王としての在位は四三四年から四五三年までの十九年にすぎないが、ときの文明社会はかれの前でふるえおののいたものである。兄ブレダとともに王位についたアッティラは、やがてその兄を殺害し、多民族集団のフン王国に君臨した。それに隷従したのはライン川から東ウクライナにわたるもろもろの民族である。エルマナリックの治めるゴートの東王国より規模ははるかに大きい。しめつけ方もずっときびしかっただろう。反逆の兆しがあれば、ただちに懲罰隊が駆けつけるわけだが、その機動性の高さはだれもがいやというほど知っていたはず。

降伏してからアッティラの治世まで、東ゴートの人々がどんな運命をもったか、歴史にはまったくといっていいほどあらわれていない。あらわれるとすればローマ側の史書なのだが、要するに東ゴートなどはフンの国内問題にすぎず、ローマとしては当時それどころではなかったのだ。だが、ゴート人がローマ国境を脅かした例はいくつかあげられている。それはフン王の命令による戦争行為ではなく、明らかに避難の動きだった。王国滅亡後間もない三八六年、オドテウスという人物に率いられた大勢のグルツンギ、つまり東ゴート族が、東ローマ領に入れてくれと懇願したが、ローマ軍により情け容赦なく殲滅されてしまった。四〇四年にはラダガイスという首長の大軍が今度はドナウ地方からイタリアへ侵入し、フィレンツェ近郊フィエーソレ（当時はファエスラエ）まで進出したものの、スティリコの名戦術の前にあえなく敗れさった（ちなみにこの西ローマ帝国軍事長官のスティリコの父はローマ軍に勤務するヴァンダル族だった。この数年後、ゲルマン嫌いの政敵により暗殺されるのだが、このころにはゲルマン人、半ゲルマン人のローマ政府高官はちっともめずらしくなかったのである）。

こういう大規模な離反行動がともかくもとれたという事実は、東ゴート族がフン王国のなかでもかなり自由な立場にあったことを示すものだろう。なかば傭兵的な臣下というよりは、一方的条件による同盟関係を強いられていたと考えるべきかもしれない。フン側としても広大な版図を維持するには、一定の自治を許すのが賢明と判断していたのであろう。ともあれ、この敗北は故郷に残った東ゴート族にとってはいろいろな意味でショックだったと思う。出かけていった連中の意図がフン族のくびきを脱することであったのはほぼ確実で、それに加わらなかった面々との関係がどんなものだったかつまびらかにはしないが、いずれにせよ、残った人々の動揺は大きかったにちがいなく、以後はもうこの種のあがきはなかった。おとなしくフン王国の一員に甘んじたわけである。そのせいかどうか、五世紀のはじめ、東ゴート族はふたたび独自の王をもつことを許された。大幅な自治を認められたということであった。

そのとき王にえらばれたのが東ゴート族の名門家系アマル家のひとりだったが、名はつたわっていない。この王の死後、人々はアマル家の出身ではないゲジームンドという人物を王に推そうとした。三人の王子がまだ未成年だったためだろう。しかし、ゲジームンドはそれを固辞したという。四四〇年ごろ、ワラメル、ティウディメル、ウィディメルの三王子が、フン族からあずかったかたちの国土を三つに分割して治めたが、統一を失うことのないよう心がけた。いちばん年長のワラメルが指導的地位にあり、弟ふたりはそれにしたがっていたようである。

これはおそらくアッティラがみずから定めた政策の一部と思われるので、しばらくはこの典型的蛮風の狡猾な独裁者のことをみてみよう。

プリスクスの記録

さいわい東ローマの外交使節プリスクスが自分の目でたしかめた記録を残しておいてくれた。少し長くなるが引用する。四四八年か四四九年のことである。(括弧内は松谷注)

「……われわれはしばらく蛮族(アッティラの外交官)たちと行をともにしたが、スキテイア（フン族のことをローマではよくこういった）の案内人の指示でべつの道をとることになった。アッティラはある村で僧侶の娘と婚姻の式をあげようとしていたのだ。フン族の流儀ですでにたくさんの妻がいたのだが。

平原の街道は快適で、いくつもの川を渡った。ドナウ川についで大きい川はドレコン、ティガス、ティフィサスなど。この三つの川を渡るのには丸木舟によった。岸辺の住人が使っているようなものである。ほかの川は筏にたよった。蛮族は筏を車にのせ、沼沢地をひっぱっていく。食糧は行くさきざきの村から調達した。大麦のような穀物と田舎くさい蜂蜜酒のたぐいだったが。わが従者は黍《きび》の一種も見つけてきた。蛮族はこれでカモンという酒を醸す。

行き疲れ、夕方になったので、ひろい沼の岸に天幕をはった。近くの村人たちはここから飲み水を汲むそうだ。ところが、いきなり嵐が生じ、雷鳴と稲妻を伴った豪雨でわれわれの天幕はとばされ、持ち物はすべて沼に流されてしまった。

われわれはおびえ、あわて、この不吉な場所を去ったが、やがて互いを見失い、闇と雨のなかで道はどこかとさまよっていた。……この騒ぎでアッティラの派遣した随員たちも目をさまし、われわれの従者たちから事情を聞き知った。そこでかれらは親切にわれわれを迎え入れ（こちらのほうは村に泊まっていたのだろう）、乾いた葦で豪勢な焚き火をしてくれた。この村を治めるのはブレダ（アッティラの兄。このときにはすでにアッティラに殺されていた）の妻のひとりで、われわれのことを耳にすると、すぐ食事と美しい乙女たちをさしだした。乙女はわれわれの夜とぎの相手となるためである。スキティア人はこうやって客をもてなすのだ（プリスクスは食事はありがたく受けたが、乙女のほうは丁重に断った。うっかり断ると相手を侮辱したことになりかねないのだけれども）。……まる一日、その村に滞在し、天幕と荷物を乾かした。すでに嵐はおさまり、太陽はさんさんと照っていた。さらに馬と駄獣の世話をし、昨夜の女王（プリスクスは女王としているが、じっさいは女主人くらいか）のところに挨拶に赴いた。お礼のしるしに、銀の皿三枚、赤く染めた革、インド産の胡椒、フェニキアのなつめの実、そのほか、蛮族のあいだではめずらしく、珍重されるものを贈った。そのうえで、あらためて謝意を表し、村を出たのである。

……アッティラの家へは、オネゲシウス（なんらかの役職名らしい）の家のわきを通っていく。アッティラが近づくと、オネゲシウスの妻が大勢の下女に食物とワインを持たせて迎えに出た。スキティア人のあいだではこれが客に対する最高の礼儀なのだ。オネゲシウスの妻はアッティラに挨拶し、歓迎の食物を召し上がれとさし出した。アッティラは彼女を信頼していることを鷹揚に示すため、鞍にまたがったまま食事をした。銀の食卓を部下たちに高々とささげもたせて。ついで杯をあけると、自分の家にはいった。

……翌日、わたしは柵にかこまれたアッティラの屋敷に赴き、その妻クレカのための贈り物をもっていった。アッティラと彼女のあいだには三人の息子がいて、長男はアカチル族を、弟ふたりはほかの黒海沿岸の種族を治めている。

……通された部屋でクレカはやわらかい寝床に横になっていた。床には羊毛の絨毯が敷きつめてある。無数の侍女がクレカをとりまくように立ち、床にすわって麻の布に色とりどりの刺繡をするのもいた。これを衣服に縫い付けて装飾とするのだ。わたしはクレカに挨拶し、贈り物を納めてそこを辞した。すでにアッティラのところにいるオネゲシウスの帰りを待つためである。

……第九刻に食事に招かれた。いわれた時間に出かけてみると、西ローマの使節も来ていた。広間にはいると、奥の正面にアッティラがいるのが見えた。酋頭がフンの習慣にしたがい、各人に高杯を配る。挨拶の代わりとしてそれを干してからでなくては席につけない。それから指示された場所についた。左右の側壁にそって椅子がならび、そのまんなかでアッティラがベッドにかけていた。その背後では数段登ってもうひとつのベッドがあり、それは麻のシーツとはなやかな上かけで飾られていた。ギリシアやローマでの新婚の床のようである。

アッティラの右が上座で、左側がそれにつづく席となる。われわれは左側でスキティアの貴人のとなりだった。貴人のほうがアッティラに近いから上になる。王の右はオネゲシウスの座で、それに向かいあってアッティラのふたりの息子がすわった。兄のほうはアッティラとおなじソファにかけていたが、父のすぐそばではなく、畏敬のあまり目を伏せ、おずおずと父とは反対の端にすりよっていた。

全員が席につくと、酋頭のひとりがアッティラに、なみなみとついだ高杯を運ぶ。アッティラはそれを受け、右隣りの者にささげてみせてから飲み干した。この礼を受けた者は、すぐに立ち、やはり杯を干して酋頭に返してから席にもどる。そのあとでほかの者たちが王のために乾杯をした。立ちあがり、王の健康をことほぎ、杯を干すのである。客人のおのおのに酋頭がひとりずつつき、アッティラの酋頭が後退するごとに、客に注ぐ。ひとりひとりに対する乾杯をすませると、アッティラはわれわれにも席順にしたがって乾杯してくれた。このあと酋頭たちは退場し、別のテーブルが王のテーブルのそばにおかれた。ひとつのテーブルに三人、四人もしくはもっと多くの客がつく。ここでは席順を気にすることなく、手を出してかまわない。

第一の従者は肉をもりあげた皿を、第二の従者はパンと付け合わせを運び、王のテーブルにおいた。ほかの蛮族とわれわれには銀の皿に上等な食事が供されたが、アッティラはこの質素なもので満足していた。食事以外のものでも王と客とはちがった。われわれの杯は銀や金だったが、アッティラのは木製だった。衣服もごく質素だけれども、清潔そのものだった。腰につけた剣、蛮族風に脚に巻いたサンダルの紐、また馬具にも、黄金、宝石のたぐいの装飾はなかった。

食事の第一部がたいらげられると、われわれはまた席を立ち、席順にしたがってアッティラに乾杯をして、ふたたびすわった。テーブルには新しい皿とさきほどとはちがった料理が運ばれる。それをからにすると、またまた立ちあがり、アッティラのために乾杯をしてから席にもどる。

暗くなると松明に火がつけられ、蛮人がふたりアッティラの前に進みでると、歌をうたった。王の勇気と勝利のかずかずをたたえる内容だった。全員がそのふたりをながめた。ある者はその歌をたのしみ、ある者は自分たちも加わった戦の思い出にふけり、またある者は涙を流した。いまやわが身が老いて、勇気のほどを示せないのを歎いていたようだった。

歌い手のあとからスキティア人の道化が登場して、こっけいな仕種を披露し、陽気な雰囲気をつくった。つづいてゼルコンがあらわれた。エデコン（アッティラの重臣）からアッティラを訪ねるよう説得された男である。エデコンはアッティラがゼルコンにその妻を返すよう全力をつくすと約束したのだった。ゼルコンはブレダのもと寵臣で当時ある女を娶ったのだが、アッティラの命令で人質としてラヴェンナのアエティウス（西ローマの軍事長官）のもとへ派遣されたとき、妻を残していかなければならなかった。いまゼルコンはもどってきて、妻を取りもどしたいと思ったのだが、ラヴェンナから帰ったことでアッティラを怒らせてしまった。ずいぶん遅くなって宴の席にあらわれたゼルコンは、その立居振る舞い、容姿、衣服、それになによりラテン語、フン語、ゴート語をごっちゃにしたおしゃべりで、陽気になった客たちの笑いを招いたのに、アッティラだけは笑わなかった。無表情で席から動かず、楽しい気分でいるとは、言葉からも態度からもうかがえなかった。ただ、そのとき部屋にはいってきて隣りに立ったいちばん下の息子エルナクをにっこりと眺め、その頰をさすってやったのが目立った。そのことにいぶかったわたしが、アッティラはほかの息子には冷淡なのにこの末っ子にはそうでないことを口にすると、蛮族のひとりがこれは口外無用だがと説明してくれた。この男はラテン語が達者なためわたしと同じテーブルについていたらしい。その話によれば、アッティラに仕える占い師たちが、かれの王朝は滅びるが、この息子において復興するであろうといったそうだ。

この宴がまだまだ深夜までつづくと見たので、われわれはこれ以上の飲酒は遠慮することにし、丁重ないいわけを残して、ほかの人々より先に退出したのであった。」

教養人プリスクスは人の容貌など、主観的見解に影響されやすいことはあまり描写していない。この体験を文書にしたのは七年後で、そのときすでにアッティラもフン王国も存在していなかったのだから遠慮はいらなかったはずなのだが。ちなみにこの席には東ゴートの貴人たちもつらなっていただろう。別の場所ではアッティラの代理とローマの使節同士の実務交渉もおこなわれた。

……スキティアの脱走兵は全員フン側に返されることに決まった。しかし、東ローマ領にもどっている過去の難民とローマ軍の捕虜からは身代金をとらないことにする。難民ひとりあたり、それを捕らえたフン兵に金貨八枚を支払うものとし、東ローマ帝国はフン族を敵とする蛮族とは同盟を結ばないこととされた。

……この取決めが守られる条件は、東ローマ帝国がフン王に毎年金七百ポンド（いまの計算だと二百キログラムと少しか）を支払うことである。以前の貢は金三百五十ポンドにすぎなかった。ローマ側とフン側が合意し、協定がむかしながらの誓約によって成立すると、両者は別れた……そのあと、アッティラとその部隊は、スキティア諸族をしたがえ、ソロスク族と戦うために去っていったのである……。

アッティラの政策……そして、ふたたびプリスクス

プリスクスが使節として訪れたアッティラの宮廷は当時ハンガリーのティサ川流域の平原にあった。現在、下ハンガリー低地と呼ばれているあたりのどこかだろう（ハンガリー人には自分たちをフン族の末裔と思っている向きもあるそうだが、これは俗説）。アッティラの政策はこれまでの遊牧生活から定住生活にはいることだった。先進国の仲間入りを目ざしたわけである。そのためには金が必要で、その調達は戦争によった。その在位中、

東西ローマ相手に大規模な戦いは四三四年、四四一～四四五年、四四七～四四八年にわたり、その成果は全部で黄金六千数百ポンドにおよんだ。戦利品と貢のかたちで徴収したのである。このころ、西ローマ元老院所属の貴族が所有地の賃貸から受ける現金収入は最高が金四千ポンド（もちろん個人で）、少ない場合でも千五百ポンドだったという記録がある。これから見るとアッティラがむしりとった金額はさして多くないようにみえるが、むしろここではローマ貴族の資産の途方もなさに驚くべきだろう。かれらの所有する土地は海外の属州のものを含めると想像を絶するほど広大なものだったのだ。

むかしからアッティラといえば盗賊の大頭目、その戦争は悪辣非道な略奪行で、二十世紀の映画でアッティラとなる俳優は、猛獣めいた容貌のメイクアップに腐心し、人間ばなれした残虐非道ぶりを演じるのに懸命なのだが、これはかならずしもあたらない。ローマ帝国を政治的、物質的に破壊することがかれの目的でなかったのは、当のローマから〝軍事長官〟という名誉称号をさずかってよろこんでいた事実からもわかる。これは要するに〝征東大将軍〟のような肩書であって、これがあれば外交的やりとりに有利となったのである。

しかし、アッティラはことを急ぎすぎた。自分一代でこの大事業をなしとげてみせるつもりだったのだろう。反発はさまざまなかたちをとり、やがて四五〇年に東ローマ皇帝マルキアヌス（四五〇—四五七）が貢の納入を打ち切り、軍備を固めた。

それと前後して西ローマではとんでもない事件がもちあがっていた。西の皇帝ウァレンティニアヌス三世の姉ホノリアがその主人公である。幼いころからアウグスタという尊称で呼ばれ深窓に育ったホノリアは、長ずるにつれ当然男性というものに興味と関心をよせたのだが、自分の周囲には宦官しかいなかった。これは男性ではない。みずからの意志で危険な去勢手術（手術で命を落とす者が助かる者より圧倒的に多かった）を受け、その苦痛の代償として、宮廷で勢力を得る機会に恵まれるのである。皇帝以外のどんな地位につくことも可能だった。皇帝はかれらが自分の競争相手にはならないとわかっていたから、安心して高位につけることができた。同じ称号を帯びる場合でも、正常人より宦官のほうがむしろ優遇されたともいえる。

「世の中ってなんてつまらないんでしょ」と思っているホノリアの前に、たまたま本物の男性の侍従があらわれた。名をエウゲニウスといったらしい。そしてこのお姫さまは子供を出産するにいたったのである。

ホノリアの母プラキディアは熱心なカトリック信者で、教会の発展に貢献度が高く、のちに聖人に列せられたほどの女性だったから、このスキャンダルに怒り、あきれ、おののいた。この不埒な娘をまずラヴェンナの宮廷の外に監禁した。が、ここは安全ではないと考え、ビザンチンに移すことに思いいたった。そこなら宦官の数は西ローマよりはるかに多い。だが、東方の都でおとなしくしているホノリアではなかった。東の宮廷の男たちがアッティラの名を聞くだけでふるえあがるのを見、フン族の使節の男性的魅力を目のあたりにした。そのあげくついにアッティラを男性の理想像と考えるにいたり、こともあろうにこのフン王のもとに密使をしたてたのである。

「すてきだわあ、あのお髭」――と、ホノリアはうっとりしたのだろうか。恍惚としながら想像し、想像しながら恍惚としているうち、本当におのが心のアッティラ像に恋してしまったらしい。

信用できそうな人間を買収し、高価な指輪と手紙をもたせた。「わたくしは二十代も終わりに近い皇女、前皇帝の妹たちのあいだでの暮らしにあきあきしていて、今後はあなたの許嫁となるつもりです。あなたにはわたしを花嫁として求め、力づくで結婚の式をとりおこなうことができましょう……」と書いた。年齢はさばを読んでいる。このときのホノリアはすでに三十にはなっていたはずである。そのことを知った東ローマはあわてにあわて、ホノリアと彼女の使者をつとめた男をすぐさまラヴェンナに送りかえした。使者の男はそこで処刑された。

アッティラはまさか真に受けたわけではあるまい。とにかくしばらくは沈黙していた。この手紙を外交交渉でどう利用しようかと知恵をしぼっていたのかもしれない。だが、ホノリアの思いがなんらかのかたちで通じたと想像することもできないだろうか。とにかく持参金はあまりに大きかった。

そうこうするうち、東ローマのテオドシウス帝が死んだ。フン族のいいなりになっていただらしない皇帝であった。そのあとを継いだのがマルキアヌス。将軍あがりの硬派で、すでに六十歳だった。就任そうそうアッティラへの貢の支払いを停止したことはさきに述べた。このあたりのことを先のプリスクスは次のように語っている。

「……皇帝テオドシウスのあとマルキアヌスが東ローマの支配の座についたとの報告を受け、あわせてホノリアの運命を知ったとき、アッティラは西ローマのヴァレンティニアヌス帝に使者を送り、自分が妻とするべく定めたホノリアが不当な扱いを受けることは許せない、彼女が帝国の統治から除け者にされるようなら、かならずやその復讐をするであろう、と述べさせた。それと同時に、約束されていながら支払われていない貢の件で、別の使者を東ローマのコンスタンティノポリスにも派遣した」

両使節団はともにことならずして帰還した。西ローマ皇帝は、ホノリアの嫁入り先はすでに決まっているので、アッティラに差し上げるわけにはいかぬ、それにローマ帝国は男子にしか継承権を認めていないので、ホノリアには統治権などない、と返答した（ホノリアには彼女の意向もたしかめず、ヘルクレス・バッススという名前だけは堂々としているが、どこの馬の骨かわからない男を夫と定めてしまったらしい）。

東ローマ側からは、テオドシウス二世のときに結ばれた貢の約束にはもはや束縛されないと、いってきた。さらに、アッティラがおとなしくしていれば、義務としてではなく、好意からときどき贈り物をとどけよう、しかし戦争で脅迫するというなら、こちらにも充分な備えはある、とも、いってきたのである。

アッティラは東西ローマのどっちを先に攻めるべきか迷ったが、とりあえずしばらくは静観することにした。西への遠征には長い準備期間を必要とするし、イタリア人だけでなく、西ゴート族とフランク族も相手にしなければならなかった。イタリア人に対しては、ホノリアとその相続遺産を得るために、西ゴート族に対しては、ヴァンダル王ゲイゼリックを間接援助するために。

アッティラは西ゴート族とヴァンダル族を味方につけようと種々工作したらしいが失敗に終わった。それでも作戦は強行され、ゲルマン諸族の部隊を含むフンの大軍はドナウ川にそって西進した。なかで最もアッティラの信頼のあつかったのが、アルダリックの率いるゲピード族の部隊である。この部隊はあるときは前衛として、あるときは後衛として独自の判断で戦った。つづくのがワラメル王麾下の東ゴート部隊、さらにプリスクスの記録に名の出ているエデコンのフン部隊、最右翼にはチューリング族の部隊があたった。敵のはずのフランク族の部隊もいたが、これはお家騒動による分裂が原因である。まず北部ガリアのメッツを陥し、オルレアンを囲んだ。迎えうったのは西ローマの軍事長官アエティウス。このアエティウスは、乱世を象徴するような人物だった。三九〇年生まれのローマ貴族で、おそらくはアッティラより五歳ほど年長だったと思える。十五歳のときから三年間、西ゴート族のアラリック王のもとで人質となり、ついでフン族のもとにたらい回しにされた。が、そこで認められて部将に任命され、重大な役目をはたした。故国にもどってからは、ガリアへ西ゴート軍の討伐に出かけてみごとな成功を収め、以後はフン族との人脈を利用して、軍事長官に出世し、外交でも手腕を見せた。プラキディア、ウァレンティニアヌス三世の後見役と噂され、ウァレンティニアヌス三世は娘をアエティウスの息子にあたえまでした。しかし、その後宦官を中心とする廷臣たちの中傷を真に受けて、三世はみずからの手でアエティウスを刺殺してしまった。

四五一年の八月、このアエティウスはローマ、西ゴート族、ブルグント族、フランク族の連合軍をフランス北部、シャロン・シュル・マルヌの野に集めて待ちかまえていた。メッツとトロワのほぼ中間のあたりになる。ローマ人がガリアと呼んだ地方だ。

アッティラ軍の兵力を同時代の歴史家は五十万としているが、これはむろん誇張にすぎる。誇張したい気持ちはわかるが、軍隊というのは大きければ大きいほどいいというものではない。五十万人がのこのこ遠征に出かけていったら、半分は餓死する。まして、機能的な兵站システムを組織し、維持するだけの実力は若いフン王国にはまだなかったろう。

根拠はないのだが、十万から多くても二十万とするのが妥当な線ではなかろうか。

ライン川上流に住みついたアレマン族は賢明にも中立を守った。中立を守るとは国土を固めて外国軍を通さないことである。シュヴァルツヴァルトとヴォージュ山地も攻略できなかったアッティラ軍はここでふたてに分かれるほかなかった。脚の速いゲピード部隊は南に転進し、いまのバーゼル近くでライン川を渡河、ブザンソンをへて主力と合流した。主力はアレマン族の妨害を避けてコブレンツより下流でライン川を渡ってきた。前進には可能なかぎりローマの軍道を利用している。その途中にあったいまのトリーアとメッツは灰塵に帰した。もちろん住民は虐殺され、財産は略奪されている。トリーアはのちにカール・マルクスが生まれた町だ。

パリは攻略を免れ、フン軍はオルレアンをめざした。そのころはアウレリアーナと呼ばれて、ロワール川沿いの要衝である。騎馬部隊を先頭に、歩兵、輜重、攻城機器がゆっくりつづいた。本拠を出てから数か月になっているはずだ。オルレアンの包囲がはじまったのは六月の前半だったろう。その城壁がまさに崩壊せんとする矢先、奇跡のように援軍があらわれた――と、当時の記録作者はつたえている。

援軍はアエティウスのローマ軍と西ゴート王テオデリック一世、さらにその王子トリスムンドのゴート軍だった。メロウェックのフランク軍とブルグンド軍も応援にくわわった。アッティラ軍は囲みをといて後退した。アエティウスとしては、できることならローマ軍だけで片をつけたかったろう。西ゴート族に借りをつくると、あとが面倒になることはわかりきっていた。しかし、ローマ軍のみではいかにも弱体すぎた。だれよりもアッティラ王国の事情にくわしいアエティウスとしては、そういう危険を冒すわけにいかなかったのである。

決戦——アッティラとフン王国の最期

背後から奇襲をうけるのは、攻囲中の軍隊にとり最大の危機を意味する。奇襲をうけたらひとまず防戦しながら退却し、機を見て大規模な決戦にもっていくのが当時の戦術の常道だった。

それにこのときのフン軍は八十年前に東ゴート族を滅ぼした軍隊ではなかった。機動力を発揮してのゲリラ戦はオルレアンのような都市の包囲戦では通用しない。小部隊で忽然とあらわれ、思いきりかきまわしては忽然と消える——そうした真似はできなくなっていた。戦術に関して、アッティラは敵と同じ土俵にあがることを余儀なくされたわけである。いまは味方となったゲルマン族の戦法にならうことになったともいえる。

しかし、伝説によると、アッティラは退却をためらったという。かれにとり大軍を擁しての退却は死よりもつらいことなのだった。そこで、予言者に相談した。予言者は太古からの習慣にのっとり、獣の内臓や削ってから火にあぶった骨に浮き出した線によって占ったあげく、フン軍の敗北を告げた。と同時に、敵軍の最高司令官の死でその敗北は相殺されるであろう、とも。アッティラはそれをアエティウスのことだと思った。アッティラにとっての最大の強敵であり、今後の計画に邪魔なアエティウスが死ぬのなら、一度ぐらい敗北してもひきあうと計算し、戦いの決意をかためたそうである。

アエティウス側はフン軍を急追しなかった。相手の意図がいまだはっきりしていなかったからでもある。フン軍はトロワ付近でばらばらになった部隊を集め、落ちつきもとりもどし、トロワをそのまま通過した。そのあと、ゲピード部隊とフランク部隊のあいだに戦闘があり、双方にかなりの死傷者が出ているが、これは正確にはフン側のゲルマン人同士のいうなれば内ゲバである。

オルレアン―トロワ間は二百キロメートル、トロワからシャロン・シュル・マルヌまでは直線距離でほぼ七十キロメートル。アッティラはシャロン・シュル・マルヌ付近を往路のさいに知っており、会戦に有利と判断したのだろう。ここでローマ・西ゴート連合軍を迎撃することにした。そのあたりは現代でもフランス陸軍の訓練場だそうである。やはり大会戦にはもってこいの場所なのだろう。

アエティウス連合軍はもっと下流でマルヌ川を渡り、フン軍の西側面を衝くかたちとなった。これでパリにいたる軍道を制圧し、援軍の迎え入れに有利となった。フン軍も背後に逃げ道を確保している。

戦闘ははじまった。両軍のあいだに標高百八十メートルの小高い丘があり、双方ともまずそこを占領にかかった。その結果、丘の東側はフン軍、西側はローマ連合軍と仲良く分かちあい、残った頂きの部分をめぐって激戦がつづいた。頂きの占拠に成功したのは西ゴート王子のトリスムンドとアエティウスで、登ってくるフン部隊をけちらした。だが、戦いの帰趨はなかなかきまらず、戦場を流れる小川は血潮で染まっただけではなく、増水したという。西ゴート王テオデリックは部下を励ましながら軍中を駆けぬけるうち、馬からはねとばされ味方の馬蹄にかかって死んだ。高齢であった。おそらく浮きあしだつ味方をくいとめようとしての事故だったのだろう。むろん、こういう事件にはその当時から異説が多く、あてになるものではない。東ゴート兵の投げ槍で殺されたとする説もある。しかし、アッティラの予言者のいったことはあたったのだ。ただ、アッティラの予想とはちがい、アエティウスではなかった。

怒りくるった西ゴート軍は悪鬼のごとく戦い、アッティラは命からがら陣地にのがれたという。そこで戦場は夜を迎えた。じつはいまも遺構からそれとわかるこの陣地の規模と堅牢さがフン軍を壊滅から救ったらしい。翌朝になってフン側から反撃のないのを確かめて、ローマ連合軍は勝利したことを知った。堅陣にたてこもるフン軍をどうしようかと相談したあげく、連合軍は兵糧攻めにすることに決めた。

アッティラは陣中に馬の鞍を積みかさねて火葬台をつくり、フン大王の首をあげたとの名誉を何者にも与えまいとして、敵が侵入したらそこに火をかけて跳びこむ覚悟をきめていた。まして捕虜になるなど論外であった。この火葬台の跡は十八世紀になって偶然に発見された。

だがアッティラはそこに身を投げることにならなかった。包囲が長びくうち、西ゴートの兵たちは自分たちの王テオデリックの遺体を確認し、おごそかな葬儀をとりおこなった。今後のことについて王子トリスムンドから相談をうけたアエティウスは、即刻に戦士たちを率いて国にもどり、王位につくようすすめた。そうしないと、王位継承の争いが起こるのではないかと警告して。

アエティウスは海千山千の政治家でもある。シャロンの戦いの勝敗がすでに決したいまとなって状況が変わった。復讐にかられた西ゴート族がフン軍を殲滅し、その後ローマ世界で軍事主導権をとることになるのを恐れたのだろう。状況がこうなった以上、軍事的にはローマ軍だけでもなんとかなるし、戦いの必要がなくなった場合、長年の付き合いのあるアッティラのほうが交渉の相手としてトリスムンドよりむしろ扱いやすい、そうアエティウスは判断したのである。知恵者というほかない。

西ゴート軍の撤退を見て、アッティラは生きる希望をとりもどしたらしい。やがてフン軍も撤退をはじめた。四五一年夏のことである。ローマ軍はその邪魔をしなかったようだ。死者は双方でおよそ三万はいたのではないかと推測できる。むろん負傷者も多い。ローマ側に問題はなかったが、フン側はその全員を連れていくわけにはいかない。大勢がそこに残ったものと思われる。女性もいたはず。そのすべてが純粋のフン族ではなかったろうが、いまでもそのあたりには蒙古斑のある子供がたまに生まれるという。これがあらわれるのは女性より男性に多いそうだ。

皇女ホノリアの気まぐれさえなければ、これほどの犠牲者は出なかったろう……と、慨嘆する向きも古来あったが、彼女に責任をもたせるのは気の毒というもの。ホノリアの気まぐれがなくても、いずれアッティラ軍は西に向かって行動を起こしたであろう。当時の戦略的・政治的気象図からすればどうしてもそういうことになる。

敗れたとはいえ、なおおそるべき戦力を秘めたアッティラ軍は、同じ道をたどって二世代以来の新しい故郷、ハンガリーはティサ川流域を目ざした。途中で手出しする者はいなかった。アッティラの戦意は毫も衰えていなかった。このことをアエティウスは予測していなかったかもしれぬ。いったん故郷までもどったのか、それとも途中から南に道をとってアルプスを越えたのかは定かでないが、アッティラは懲りもせずに、今度はイタリアに駒をすすめた。すでに翌四五二年になっていた。まずアクイレイアが陥落した。いまは一寒村にすぎないが、そのころはラヴェンナと覇を争う貿易港だった。つづいてミラノ、パヴィーア、ヴェローナ、ヴィツェンツァ、ベルガモがその手中におちた。が、ローマはアエティウスが防いだ。

アエティウスの武力だけでなく、ローマ・カトリック教会の教皇レオ一世と教皇使節団の交渉と説得がアッティラにローマから手をひかせたのは事実らしい。教皇一行はわざわざマントヴァ近くまで出かけてこの〝神の笞〟と会見している。〝神の笞〟とは教会がフン王につけた異名である。教会の立場から見れば現世とはつねに堕落しているもので、アッティラはそれを罰するべく神よりつかわされた笞というわけだ。とはいっても、その笞が教会自身に振りおろされては困る。

なんの武装もせず、異様な服装で香炉をおごそかに振りながら近づいてくる高僧たちは、アッティラの目には魔術師とうつったかもしれない。とにかくカトリック側はのちのちまでこの勝利をたからかに歌いあげている。ヴァティカンのいわゆる「ラファエロの間」には、そのシーンを描いたラファエロの傑作がある。いつも観光客の雑踏でゆっくりと見ることはできないけれど、写真でもレオ一世はすぐそれとわかるが、アッティラのほうはそれほど目立たない。

容赦を知らぬ現実政治家のアッティラが彼自身認めていない教皇の威光でローマ略奪をあきらめて引きさがるとは、ちょっと考えられないのだが、そこが時代の差というものなのだろう。アッティラの弱みは実際こういうところにあったのかもしれぬ。

アッティラとしては戦利品もしこたま集めたし、シャロンの戦いの仕返しとして充分に脅しつけたことでもあるし、この辺が潮時と計算した可能性もある。撤退の判断は政治家や将軍の器量を測る要因ともなる。ともあれ、アッティラは比較的短時間の作戦で軍をひいた。

この略奪遠征はひとつの副産物を生んだ。アクイレイアは破壊され、その後、港に泥土が沈澱して使えなくなり、さびれる一方だった。その代わり、ヴェネト地方の人々はヴェネチアの建設をはじめたとのいい伝えがある。おそらく事実であろう。世界最初の人工都市ヴェネチアの誕生である。

国にもどったアッティラは、今度は東ローマに矛先を向けた。かつてテオドシウス二世とのあいだにかわした協定どおりの年貢を支払わなければ、東ローマの辺境に侵入するぞ、と、脅迫して。皇帝マルキアヌスはもちろんその脅しを無視したが、次はおれのところだと覚悟はしていた。しかし、その、心配は一挙に解消したのである。思いがけなくも、アッティラは急死したのであった。その死にざまもいかにもアッティラらしい。

四五三年のいつごろか、六十歳に近くなったはずのアッティラはゴートの美女を花嫁に迎えた。何人めの妻になるだろうか。花嫁の名前はヒルディコと伝わっているが、これは〝花子ちゃん〟ほどの意味でもあるから、本名だかどうか。いつものように結婚の宴でしたたかに酒を呷ってから、アッティラは花嫁とともに寝所にはいった。翌朝、陽が高くなっても王があらわれないのに気をもんだ警備の兵士たちは、まかりまちがえば王の逆鱗に触れるのを覚悟で、扉を打ちやぶった。そこにかれらが見たのは、血の海に倒れ伏してこと切れたアッティラであった。かたわらでヒルディコがヴェールで顔をおおって泣いていた。大酒、過労、荒婬の当然の結果ではある。腹上死かどうかまではわからない。臣下たちはヒルディコがなんらかの復讐のため王を暗殺したのではないかと疑ったろうが、その疑いはすぐにはれた。ひとめ見れば死因は明らかである。事実、アッティラ暗殺の企みは無数といってよかったろう。あのプリスクスも一例を具体的にくわしく述べているほどである。

ヨーロッパはほっとした。いちばんほっとしたのは東の皇帝マルキアヌスだったろう。その夜のうちに、かれの夢枕に神のごときものがあらわれ、折れた弓をかざして見せたという。弓はフンの兵士たちの得意の兵器である。こういう話は正直のところいささか食傷気味ではあるが、当事者からしてみれば、このたぐいの挿話をいくつつくっても足りない思いだったろう。それほどかれの死のタイミングもあざやかだったといえる。

アッティラは実は本名ではない。本当の名はつたわっていないのだ。ヒルディコが〝花子ちゃん〟だったように、アッティラは〝おとっさん〟というほどの意味なのである。たしかスターリンもそう呼ばれていたと記憶する。王としてあったたった二十年間たらずに、かれがヨーロッパに与えた恐怖はあまりに大きく、以後今日にいたるまで、かれには暴君、怪物のイメージがつきまとってはなれないのだが、例外もある。たとえば、ドイツの中世文学を代表する英雄叙事詩『ニーベルンゲンの歌』では、アッティラはエッツェルの名前で登場し、権勢はさかんなものの、人のいい、若干弱気の王と描かれている。けっして悪玉ではない。これは東ゴートとかゲピードとかの、アッティラにある程度の親しみをおぼえていた人々の思いを代表するものであろうか。

アッティラ亡きあと、フン王国は音をたてて崩壊した。崩壊というより、まずは分裂した。それまでフン族に従属していたゲルマン諸族は突然に目がさめたように反旗をひるがえし、ゲピード族の王アルダリックの下に結集した。アルダリックはかつてアッティラが全面的信頼をよせていた人物である。しかし、アルダリックが忠誠を誓ったのは、アッテイラ個人に対してであって、その息子たちやフン王国にではなかった。その年のうちに、パンノニアの当時ネダオと呼ばれた小川（現在は特定できない）のほとりで、アッティラの息子たちはアルダリックの軍勢に完敗した。フン王国はここで消えたのである。短い生涯だった。以後、フン族は帰農したり、傭兵として就職口を探したりしつつ、周囲の民族と血をまじえていったのであろう。

二　イタリアの東ゴート王国

ふたりのテオデリック

フン軍の一翼をになって西ヨーロッパへの大遠征をともにした東ゴート族も、この独立戦争でアルダリックとともに戦い、勝利の代償として北パンノニアを得た。いまのハンガリー西部、ドナウ川の南である。ローマの味方であるというお墨付きもマルキアヌス帝からいただいた。東ゴート族の三人の王のうち、長兄ワラメルが率いる部族はレイタ川からラーバ川まで、次のウィディメルはラーバ川とバラトン湖のあいだ、末弟のティウディメルはバラトン湖の沿岸からドナウ川までの土地をとった。

ここらで再確認しておかなくてはならないのだが、東ゴート族のすべてが三人の王のもとに結集していたのではない。バルカンには、前々から出稼ぎにでてそのまま各所に住みついたり、フン族の来襲で四散したままになっている東ゴート族がずいぶんいて、その多くは東ローマの軍人として生計をたてていた。実質上、もう傭兵とはいえなくなっている。

高級軍人はほとんどがゴート人で占めていた。当時の東ローマの軍事長官フラウィウス・アルダブル・アスパルは大いに権勢をふるっていたものだが、素性からいうとゲルマンの血が濃い。その義弟は純粋の東ゴート人でテオデリックといい、四六二年にはアスパル麾下の有力な武将だった。のちに東ゴート族の立役者となるテオデリックと区別するため、ストラボ（すがめ）とあだ名されたが、かれもアスパルも、頼りとする兵力はまずこの東ゴート族であった。しかし、同じ東ゴート族でもこちらはローマが徴募し、ローマ風の訓練を受けており、いちおうは独立したパンノニアの東ゴート族とは同列に論じられない。

四五五年にはフンの残党がワラメルの領土に侵入しては追いだされるという事件があり、そのあたりにはまだまだ不穏な空気が漂っていた。ティウディメルとその側室エレリエヴァのあいだにのちの大王テオデリックが生まれたのはこの年（四五三年という説もある）。ちなみにヴァンダル族のすぐれた指導者ゲイゼリック王の母も正妻ではなかった。

マルキアヌスは東ゴート族に防人《さきもり》としての任務をゆだね、戦争の場合には兵力を供出するという条件で、年貢ではなく一定の助成金を出していたが、四五七年に代わって帝位についたレオ一世はその支払いを拒んだ。こういう違約はすぐ報復を招いた。怒った東ゴート族はただちに南下してイリュリア（バルカン半島の西部、アドリア海に面した部分）に侵入。繁栄していた商都デュラキウム（アルバニアのドゥラス）を含むいくつかの町を占領して鬱憤をはらしたが、そのときはそれだけに終わった。四五九年のことである。

幼いテオデリックは人質としてコンスタンティノポリス（またの名はビザンチウム）のレオ一世の宮廷に送られた。人質はこの時代にめずらしいことではない。戦時捕虜ではなく、国と国との平和の担保のようなものだから、平時なら留学といってもいい。これはずいぶん長期にわたった。だがそこで組織的な教育を受けたわけでもなく、生涯無筆だったといわれる。このことは疑うに足るのだけれども、ともかく感受性に富み、才能のある少年テオデリックは、ローマ文化というものの長所と短所を自然に吸収したにちがいない。

このころ、しばらくは不安定ながら平和がつづいたわけだが、ゴート族はやはりなにかしていないとどうも落ちつかないらしい。とはいえ東ローマに向かうわけにはいかず、ドナウの北に住むゲピード族はじめゲルマン諸族が争いの相手となった。じっとしていられない性分はおたがいさまで、双方とも些細なことをとりあげて戦いの種にしていたのだろう。やがて四六九年、東ゴート族は決定的勝利をつかんだ。しかし、その戦いでワラメル王は戦死。弟のティウディメル、つまりテオデリックの父が東ゴート族全体を統べることになった。かれらの威勢はまし、それまでは東ゴート族を牽制すべくその敵対勢力を援助していた皇帝レオ一世は、状況の変化を見てとり一転して東ゴート族支援にかたむき、人質のテオデリックを父のところに返した。

それが四七〇年のこととわかっているから、テオデリックはまだ二十歳にもなっていなかったわけだ。ひさしぶりで帰国した若き王子に国民の人気が集中したことは想像に難くない。きっと凜々しい美青年だったのだろう。膂力、武技、見識……ことごとく衆にぬきんでていたにちがいない。ただちに伯父ワラメルの治めていた領土を継ぐ。テオデリック独自の強力な臣下団が結成されるのに時間はかからなかった。父王には内緒である。とはいっても秘密にしておけるものではなく、うすうす気づいた父はかえって喜んでいたかもしれない。

血気に逸ったテオデリックはその臣下団六千名を率い、東ローマの都市シンギドゥヌムに強襲をかけた。いまのベオグラード。東ローマ領とはいっても、当時そこを制圧していたのはイラン系サルマート族の王ババイで、表面ではそれを後押ししていたかたちの東皇帝としてもテオデリックの功名心はむしろ歓迎すべきところだったろう。

こういうことでますます勇気づいた東ゴート族は、もっといい居住地を捜しはじめた。パンノニアはせまますぎるようになったのである。略奪しつくしたと考えたかもしれぬ。その昔、スカンディナヴィアから大陸にわたり、さらに黒海へ進んでいったときとちっとも変わっていない。それどころか、本来遊牧の民フンとの長いつきあいによりよけいその面で助長されたかの観がある。パンノニアに居を得てからやっと二十年ではないか。土地を自分の国土とは見ないで、略奪の対象としか考えない、とされても仕方がない。迷惑なのは原住民だ。

とにかく籤引きでウィディメルは西ローマ方面、ティウディメルは東ローマ方面に進出することに決まったという。ウィディメルはカルニケ・アルプスを越えてイタリアにはいり、そこで死んだ。その息子も同じウィディメルというのだが、ときの西ローマ皇帝グリユケリウスにそそのかされ、ガリアに転進し、そこで西ゴートと合流、吸収された。ティウディメルのほうもサヴァ川をわたり、セルビアのニーシュまで進出し、そこで越冬した。その時期を利用して息子のテオデリックはテッサリア方面へ武装偵察を行い、ついでにいくつかの町を奪った。その成果の上で翌年の春ティウディメルはテッサロニキを攻撃した。そこは占領できなかったものの、有利な条約を結んで、そのあたりに住みついた。そこでティウディメルは死に、王子テオデリックが王位についた。四七四年である。弟のティウディムンドは王の器にあらずとして無視された。

一方、テオデリック・ストラボのことである。そのころ前述の東ローマ軍事長官アスパルは自分が帝位につけてやったレオ一世により殺された。犬も食わないはずの権力闘争の結果である。当時ブルガリアのドナウ南岸、いまのスビシュトフ付近にアスパルの義弟テオデリック・ストラボが東ゴートの軍を率いて駐屯していたが、これが事件に憤激し、皇帝に対して反乱を起こしかけた。腰の定まらない皇帝はあわて、テオデリック・ストラボを東ゴート族の唯一の王と認め、あわせて軍事長官に任命したので、ことはこれでなんとかおさまった。四七三年の晩春である。皇帝からストラボ軍に下賜される助成金は年額二万ポンドの金。予想しない高額だった。しかし、この結果、バルカン半島に東ゴート族の勢力がふたつ生じ、政治的に対立することになる。

四七四年一月にレオのあとを継いだゼノンはテオデリック・ストラボを長官から解任したものの、その翌年さっそく危機を迎えた。帝位を僭称するバシリスクスにより首都から追われたのである。かげで動いたテオデリック・ストラボはその功績のため、僭帝バシリスクスの意向でふたたび軍事長官に帰り咲いた。これでまたまた法的には若いテオデリックに命令できる立場になった。マケドニアでうろうろせず、北のトラキアに赴きドナウ川で帝国背後の守りを固めよといえるわけだった。若いテオデリックとしては、それが嫌ならゼノンに結びつくほかない。翌四七六年、ゼノンが復帰し、バシリスクスとテオデリック・ストラボは失脚する。ゼノンはストラボ攻撃をはじめるとともに、若いテオデリックをちやほやしはじめた。〝友〟と呼び、正式のローマ貴族に任じ、前のストラボと同じ軍事長官の地位をあたえた。下モエシア（ドナウ下流南岸）のかれの領地を同盟国として認可し、助成金の約束もした。だが、若いテオデリックはあまり調子にのらなかった。ローマの国庫に頼っているだけでは経済問題の解決にならないことは、これまでの経験から明らかである。それにかれの最大の関心事はやはりテオデリック・ストラボのことだった。二十歳も年上のストラボが遠縁にあたる弱輩のテオデリックに東ゴート族の支配権をそうやすやすと譲りわたすはずがない。はたして四七七年にはストラボの使者がコンスタンティノポリスにあらわれ、若きテオデリックは帝国を毒するものであると訴えた。ストラボがしつこく反ゼノン派と組み、陰謀を練っていたことは周知の事実である。元老院と皇帝はかれを公式に帝国の敵ときめつけたが、おのれの勢力基盤はまだ弱く、首都のストラボ一党を放逐するだけにとどめた。これでは若いテオデリックも独走するわけにいかなかった。

このあたりの事情、まことに複雑ながらもおどろおどろしく、書いていてうんざりしないでもない。だが、当人たちには死活問題なのである。もうしばらくがまんして読んでいただきたい。

若いのにテオデリックは慎重だった。以後、絶対にストラボとは手を組まないとの約束を東ローマの皇帝と政府からとりつけている。しかし、テオデリックにはテオデリックの事情があった。東ゴート族の王にふたりは要らない。そこで若いテオデリックはローマ軍の力をかりて、みずからの王位を確保しようと考えた。

ローマ政府はテオデリックが独走を渋っているのを理由に金の支払いを一時とめ、バルカン南部まで進出してくれれば、そこで渡す、ローマ軍ともそこで合流できよう、といってきた。ローマ軍の兵力は騎兵八千、歩兵三万ということだった。

だが、そんなものはいなかった。ソンディス峠（くわしくはわからぬが、いまのブルガリアの港湾都市ブルガスの北あたりらしい）で道が封鎖されていた。のみならず、どういう陰謀があったのか、そこに険阻な地形を頼んで布陣していたのはテオデリック・ストラボ本人だった。戦わないわけにはいかぬ。たちまち小競り合いがあったが、双方とも決戦は求めなかった。とにかく同じ血筋なのである。東ゴート族の王になりたければ、自分の戦士を温存し、いま敵として対峙している戦士たちをもなるべく殺さないであとから味方につけるのが上策というもの。

そこを狙った宣伝戦ではさすがに年長のテオデリック・ストラボに軍配があがった。馬上ゆたかにストラボは、安全な距離をおいて敵陣の前をゆきつもどりつしながら、大音声で弁舌をふるったそうだ。尻の青いテオデリックめのローマ政府との交渉の拙さよ、このままでは結局東ゴート族全体を裏切ることになるのだぞ、兄弟間の戦いはローマを益するのみ、お前たちはいま乞食のごとくではないか、各人は馬の二、三頭も連れて故郷のモエシアを出たのだろうに、どうだ、いまは奴隷なみに足をひきずっておる、若大将のテオデリックが本当に評判どおりの人物なら、いまごろ諸君の財布には黄金があふれていてもいいのだぞ……と。アッティラとともにあばれていたときには、世界の富が足下に積まれていた観があった。その記憶はまだ新しいのに、いまローマに仕えられるかどうかでびくびくしている東ゴート族のあせりとプライドを巧みにつかみ、逆なでにした。ことに馬のことをいわれると、兵たちは弱かった。

効果は覿面《てきめん》だった。若いテオデリックの兵たちだけでなく、同行していたその妻たちまで、ここでストラボと和を結ぶよう若きテオデリックに訴えた。テオデリック・ストラボは勝ちほこり、若きテオデリックは冷静に計算した。そのあげく両軍は川をはさんで陣をはったまま、交渉をかさね、そういうことなら今後は両者が力をあわせてローマに対抗し、要求を貫こうではないかということになった。

ここで注意すべきは、若いテオデリックが要求の実施に際して、ローマの行政機関の協力をせつに求めたことである。こういう外交交渉は東ゴート族より、ローマ官吏にまかせたほうが賢明だと、さめた見方をしていた。

しかし、ストラボは四七三年の協定の完全実施にこだわり、とりわけ未払い分助成金の即時支払いを求めた。皇帝ゼノンはそういうストラボをまったく無視し、若いテオデリックを大金で買収しようとした。東ゴート族内部の分裂を図る作戦である。皇帝は若いテオデリックに、対ストラボ戦をつづけるなら、皇姫もしくは高貴のローマ女性を妻に提供しようとまでいった。

だが、若いテオデリックは皇帝の真意を見抜いてそれを断り、戦いがはじまった。もちろん東ゴート族とローマ軍のあいだでである。当初ローマ軍は有利に戦いをすすめたが、しだいに形勢は逆転した。若いテオデリックは略奪をかさねつつトラキアを横断するかたちで戦線をひろげ、そのあげくコンスタンティノポリスから遠ざかっていった。これは失敗だった。ある程度信頼していたテオデリック・ストラボの術策にはまったかたちになったのである。ローマ政府とストラボのあいだに単独の和平交渉がもたれ、またも一部同胞を裏切ったかたちでストラボは財産を取りもどし、一万三千名の兵の給与を受け、若いテオデリックが持っていた軍事長官の称号をもとりもどしてしまった。

状況は若いテオデリックにとり絶対的に不利となり、敗戦がつづいたが、ローマ側はかれに止めを刺すことを故意にひかえたらしい。ビザンチンの参謀本部では綿密な分析作業がすすめられていたとみえる。ゼノンはどう転んでも大丈夫なように手を打っておいたのだ。若いテオデリックは怒らせるとこわかった。マケドニアでさんざん暴れまくり、ストビの町を破壊、住民を殺戮したので、近くのテッサロニキの住民が悲鳴をあげ、不穏な空気が生じた。

時間を稼ぐため、テオデリックが軍事長官だったときの官房長をも加えて、ゼノンは若いテオデリックに使節を送った。そのためか、若いテオデリックはヘラクレイア（マケドニアのいまのビトラ、オフリトン湖の東）に落ちつき、ゼノンに答礼の使節を派遣しさえした。

それまでふらふらしつづけのゼノンも、ここらで決意したらしい。若いテオデリックをあらたに同盟国の王にしたてようとした。なんと三度めの試みである。その国土として考えたのは、ダキア内陸であった。いまのルーマニアにあたる。だが、これを若いテオデリックは拒絶し、いわれたとおりの北東ではなく、西に向かって移動を開始した。ヘラクレイアは、食糧徴発に応じなかったので、町は焼かれた。

ローマ側はおどろいたが、反応はさすがに迅速であった。緒戦以来指揮をとっていた名将サビニアヌスと文官アダマンティスがあとを追い、いまのアルバニアの海岸町デュラキウムで東ゴート族軍に追いついた。ローマとしてはかれらをここに住みつかせるわけにいかない。ここで若いテオデリックが海軍を持つことになったらすこぶる危険なのだ。

決戦にはやるサビニアヌスを抑え、アダマンティスは若いテオデリックを説得にかかった。理をつくすアダマンティスの言葉にはかつてのストラボ以上の説得力があった。さきのダキアの代わりに、今度はテオデリックにトラキアの一部を適地としてすすめた。いまのブルガリアの首都ソフィアの南あたりか。

ついに若いテオデリックは原則としてはそれを承認し、細かい条件の交渉にはいった。しかし、ことはまたしても蹉跌を見たのである。テオデリックの弟ティウディムンドのひきいる支隊は母と妹を連れていたが、まだ兄のところに到着していない。エピロスの山中をのんびり移動していた。そこにタカ派のサビニアヌス軍が奇襲をかけたのである。ゴート側の完敗だった。ティウディムンドは部下を見殺しにし、橋を背後で焼いて、命からがら逃走した。母と妹が捕虜にならなかったのは不幸中のさいわいだった。

交渉どころではない。アダマンティスは怒ったけれど、この戦勝のためサビニアヌスは若いテオデリックを殲滅するゴーサインをもらったようなものだった。しかし、事実はそうはならなかった。四七九年から四八一年にかけ、若いテオデリックはアドリア海に面した地方で耐えぬき、四八一年にサビニアヌスが陰謀の犠牲となって暗殺されると、ローマ軍の戦意はしぼんでいった。

ある意味では若いテオデリックをここで救ったのはテオデリック・ストラボだといえなくもない。ストラボの兵力はいつか三万にふくれあがり、それを懸念したゼノンはトラキアのゴート軍に対し、そのころブルガリアにはじめて進出してきたブルガル族をけしかけた。ストラボはそれを撃退したが、勝利を完璧なものとし、あわせてゼノンをなじろうと、東ローマの首都にふたたび軍をすすめたところ、そのとき味方陣営内で重大な紛争が生じ、ことは挫折した。そのままストラボはビティニア（ボスポラス海峡の東側一帯）にわたろうとしたけれど、これも失敗。トラキアにいられなくなり、ギリシアをめざし西に進むうち、事故死した。またがろうとした馬が急にあばれだし、かれを天幕に押しつけたところ、運わるくそこにかかっていた槍の穂先が腹に突きささったのである。四八一年のことだった。四十五歳ぐらいだったはず。男ざかりだった。

これで東ゴート族の二重王制はおのずと消滅し、若きテオデリックに強敵はいなくなったのである。少なくともかれのキャリアにとってはさいわいなことだった。かれがのちに東ローマ領を去ろうと心をきめたのは、ストラボの苦労を目のあたりにしたためかもしれない。

ストラボの遺族は妻、弟ふたり、それに息子のレキタックだったが、レキタックはすぐにこの叔父ふたりを殺してしまったため、さすがのゴート軍もあきれかえり、その大半はテオデリックの下に走った。四八四年、テオデリックはレキタックをコンスタンティノポリスの街頭で斬殺している。ストラボの弟ふたりの仇を討つというのがそのときの大義名分だった。テオデリックは東ローマ軍事長官にもどり、くわえてその年度の執政官にも任命されていた。だからこれは皇帝の黙認のもとの行為であった。

テオデリックが帝国の敵から二転、三転、また四転して、今度は執政官にまでなったのは、むろん剣をちらつかせておどしをかけた結果である。手強いテオデリック・ストラボがいなくなったので、若いテオデリックは四八二年、猛然とギリシアの侵略にかかり、はたから見ると、いやしくも皇帝としてなんとも面目ないように思えるのだが、ゼノンは四八三年にテオデリックと正式な条約をかわしたのだった。東ゴートに定められた領土はダキアの海岸部と下モエシア。いまのブルガリア、ルーマニア東部から黒海のオデッサにかけてである。これにしたがってテオデリックは五年前に出発したドナウ下流ノヴァエ（ブルガリアのニコポル――かつてのニコポリスの北）にもどったことになる。かなり名誉称号的なところはあるにしても、たった二十八歳の、それも蛮族あがりが、ローマの執政官になるというのは例外中の例外。その上、テオデリックの出たアマル家はフラウィウスという名前を以後もらうことになる。錚々たるローマ貴族なのである。ローマ市民権がその前提になることはいうまでもない。テオデリックはよろこんでそれを受けた。心の底ではローマ贔屓だったのだ。

やがてゼノンは小アジアでの反乱を鎮圧しようと決め、テオデリックが執政官の資格でゴート・ローマ連合軍を率いてビティニアに渡ったが、ニコメディアに着いたところ召還命令を受けた。またしてもゼノンが疑心暗鬼にとりつかれたためだった。かれの周囲ではテオデリックを敵視する勢力が懸命に裏工作をしていたのだろう。

またか、である。無造作にテオデリックと交替したのは、エルマナリックという男だった。三七五年にフン族の襲撃に絶望し、みずから命を断ったとされる東ゴートの王と同名であることから想像がつくように、やはりアマル家の血筋。テオデリックの遠縁にもあたる。アスパルの息子だから、テオデリック・ストラボの従兄弟ということになる。かれの勢力を支えるのは東ゴート族と仲のよくないルギ族だった。このあたり矛盾した情報があふれている。テオデリックは召還はされたものの、ローマの古式にのっとった凱旋式を実施し、騎馬銅像を建てる許可をもらった。

四八六年にはゼノンとテオデリックの仲はまたも原因はつまびらかにしないが険悪となったらしく、ドナウ河畔にもどった東ゴート王はトラキアに侵入し、略奪をはじめた。ゼノンが応援を求めたブルガル族をも一蹴したテオデリックは、翌四八七年にコンスタンティノポリスの攻略にかかる。街道を封鎖し、郊外を占拠し、水道を断ったが、べつに占領までは考えていなかった。これも大がかりな脅迫であり、実力の誇示であった。ゼノンもそのあたりは心得たもので、当時皇后といっしょに暮らしていたテオデリックの妹アマラフリーダに豪華な贈り物をもたせ、兄の陣営にやった。兄はあっけなく包囲を解き、本拠地にもどっていったそうである。

ここまで見てきたところ、テオデリックはほかの蛮族王たちとなんら異なるところはない。国益（と、考えるもの）のためには手段をえらばない。暴力大好き、略奪大好きなのである。とてものちに大王とされ、名君としたわれるようなところはない。アッティラとどこが違うのかといってもいい。ほかの王たちと同じように、かれも反面教師には恵まれるほど恵まれていた。しかし、かれはそれが反面教師であることをやがて理解し、それなりに利用していったと思われる。ほかの王たちとの差はそのあたりにあったのではなかろうか。それにもうひとつ。かれには反面ではない、本当の教師がいた。不特定多数のすぐれたローマ人たちが、長い長い時間をかけて築きあげた国家像、国家理念がそれだと断定してもよかろう。現実に交渉の相手となる個々のローマ人には失望しながらも、テオデリックは若いころからそこに漠たる理想像を見出していたようだ。それが明らかになるのはこの先数年の過程においてである。

ディオクレティアヌス時代（東西帝国への分裂時）の大ローマ

ふたつのローマとオドアケル

ローマ帝国が東と西に分かれたのは二八五年、ディオクレティアヌス帝のときだから、テオデリックのときにはすでに過去の歴史となっており、ふたつのローマはあたり前のことなのであった。なぜ分裂したのか、ほじくりだすとまさにきりがない。直接の原因としてはお家の事情があったわけだが、要するに、国の規模が大きくなりすぎて、ひとつの頭では機能しにくくなったからだろう。この西と東への分割は、国家という生物の生存本能のあらわれといえるかもしれない。西ローマがたちまち滅び、ビザンチン帝国とも呼ばれた東ローマが末長く栄えたのは、古来ローマにつたわってきた国家規模の自浄作用の一部が東で復活したからではないのか。

分裂にあたっては、主導権をもっていたディオクレティアヌスがすすんで東の帝位についたぐらいだから、はじめから景気は東のほうがよかったのだ。それまで栄えに栄えてきた西にはすでにかげりの色が濃くなっていた。むろん、東方経済圏がその前々から力をつけてきたことの結果である。西は軍事面でまず東にひけをとった。自前で軍役に服することを誇りとした農民兵士の強さなど、とうに共和制時代の昔語りで、国力の増大とともにその後、大地主、中地主が発生し、農民の経済力がなくなって、軍役どころではなくなってしまった。西では皇帝ガリエーヌス（二五三―二六八）が元老院議員は軍の指揮をとるべからずと定めたころからことはおかしくなってきた。ひるがえって東はその財力にものをいわせ、傭兵を積極的に採用できた。その結果、蛮族の侵入による災害も西が東にくらべて圧倒的に多かった。五世紀になっては都市ローマが西ゴート族とヴァンダル族の大規模な略奪の対象となった。軍の弱いことにつけこまれ、見くびられたのだ。こじつけめいた想像になるが、過去のわが国でこの状況を再現してみるとすれば、たとえば南北朝のようなごたごたの際、都がふたつになり、京都のほか九州の太宰府にもうひとつ出来る。太宰府のほうは朝鮮、中国大陸、琉球などとの通商が栄えるが、京都は東の夷《えびす》の侵入が絶えず、しだいに両者のあいだに格差ができていく……と、いったようなものか。

西の政府は首都としての都市ローマを見限り、いったんはミラノに遷都したものの、ここもアルプスを越える街道に近く、北からの脅威にさらされている。ために ホノリウス帝が四〇四年以降アドリア海に面したラヴェンナを都と定めた。太古にヴェネト地方の住民がヴェネチアと同じような方式で木の土台を海中に埋めこんでつくった町らしい。ポー川の支流がこのあたりで海に注ぐのだが、攻めるのにはひどく難しい地勢であった。アウグストゥスが八八年にここを軍港とし、その前にも外国の重要な囚人などが収容されていた。はじめは陸に面したほうはひろい湿地で守られていたけれど、のちにそこを干拓して城壁を築いた。

いまのラヴェンナは人口十万にもみたない一地方都市。そのころでも、コンスタンティノポリスとは都市の規模として比較にならなかった。これは東帝国と西帝国の力の差を歴然と示すものだろう。都市ローマとこのラヴェンナをくらべてみると、そこで象徴されるのは、やはりかつてのローマ帝国の繁栄と当時の西ローマ帝国の凋落ぶりである。

事実、テオデリックが東ローマの首都を囲んでみせた十年前、西ローマは政治的に消滅していたのだった。

ここでオドアケルのことを語らなければならない。テオデリックにとって最後でおそらくは最大の強敵である。テオデリック・ストラボの圧力が消えてほっとしたかれが、後年テオデリック大王と呼ばれるようになるためには、このオドアケルという障害を越えなくてはならなかった。

オドアケルが生まれたのは四三〇年あたりというから、テオデリックより少なくとも二十歳は年長。出身はスキル族。ゴートとくらべると眇《びょう》たる小部族である。もとヴァイクセル（ビスワ）川下流の東にいて、紀元前一九〇年ごろ東進して黒海の北岸をおびやかしたというから、移動のパターンについてはゴート族と同じ。そこからガリチアに南下してフン族の支配下にはいった。五世紀初頭にはフン貴族ウルディンの臣下として、ドナウ川を渡り、ローマ領を荒らしたものの、その帰途、ローマ軍により壊滅的な打撃を受け、以後はひっそりしている。四五一年のアッティラのガリア遠征には参加したが、その翌々年のフン族からの独立戦争にはゲルマン連合の一員だった。その後、カルパチア山地のふもとにいたけれども、四六九年、パンノニアの東ゴート族と悶着を起こし、テオデリックの伯父ワラメルの領土に攻め入ったが、無残な敗北に終わった。そのあとスキル族の首長エディカとその長男フンウルフは再起を期し、近隣ゲルマン族だけでなく東ローマの部隊の応援をたのんでふたたび攻撃をかけた。しかし、結果は同じだった。これが前章でふれたボリア河畔の戦いである。これで部族はちりぢりになり、フンウルフとその弟オドアケルたちは西ローマ領ノリクム（ドナウ上中流南岸）に避難した。その折り、のちにバイエルンの守護聖人とされるようになった聖セウェリヌスがオドアケルの人相を見て、その将来を予言したとの伝説がある。この種の伝説はたいていは眉唾ものなのだが、このセウェリヌスはいまでいうと難民救済のヴォランティア活動のようなことを積極的にしていたので、オドアケルと出会う可能性は高かったと思う。

オドアケルはそのあと西皇帝の親衛隊にはいって、その名が最初に言及されたのが四七二年。当時の西ローマ帝国の権限はイタリアに限定されていたといっていいが、さきに述べたようにゲルマンの傭兵部隊が実質上の権力を掌握していた。いちおう正規の手続きをふんだように見せかけて就任した皇帝たちは、傭兵将軍の傀儡にすぎなかった。最後の硬骨ローマ人といわれたあのアエティウスが殺されると、ゲルマンのスエービー族出身のリキメルがパトリキウス（実質上の首相、意味するところは〝貴族〟だが）を務め、四七二年に死ぬまで絶対権力を握り、実に十六年のあいだに五度も皇帝の首のすげ替えをした。リキメルの後継者はやはりゲルマン人でブルグント の王子グンドバードだったが、グリュケリウスを帝座につけてからすぐ故郷に帰ってしまった。後ろ楯がいなくなったすきに東ローマ政府が介入し、ネポスが皇帝となった（四七四年）がやがてダルマティア（アドリア海東岸）の領地に逃げもどってしまった。これはネポスがパトリキウス兼軍事長官に任命したオレステスがさっそく謀叛を起こし、自分の息子ロムルスを皇帝に仕立てあげたためである。このオレステスとは四四八年前後、こともあろうにアッティラの秘書を勤めていた男である。どこをどうやってこの地位にたどりついたものか、とにかくこれもふつうの人物ではない。乱世とはこういうものかと思わされる。

ラヴェンナでのロムルスの即位は四七五年の十月三十一日だった。当時ロムルスはまだほんの子供だったようで、世間はアウグストゥルス（アウグストちゃん＝ちび皇帝）と、陰口をたたいた。西ローマの民衆が皇帝の統轄能力に期待しなくなってまさに久しい。

イタリアにいたゲルマン傭兵たちはそれまでローマの地主たちの屋敷に分宿していた。それが定住するにあたっては、前々からローマ軍の宿舎割当法規というのがあって、同盟種族（実質上ゲルマン人）が軍務につくことを条件に定住を希望する場合、地主の農地、家屋の三分の一が与えられることになっていた。だから、ゲルマン傭兵たちは食糧は国庫からもらっていた上に、地主からも三分の一を要求していた。それに、オレステスはネポスに対する反乱にゲルマン傭兵を抱きこむとき、その代償としてイタリア全体の農地の三分の一を分譲すると約束していたのである。オドアケルが武力をもって脅迫した結果ではない。だが、いざとなるとオレステスはその約束を守らず、要求を蹴った。当然、傭兵たちは怒る。それを見てとったオドアケルは、おれに支配権をあずけるなら、諸君の要求実現に挺身しようと話をもちかけた。そうするだけの実力がオドアケルにはすでにあった。四七六年八月二十三日、イタリア在住ゲルマン諸族の王にえらばれたオドアケルは、その場から、オレステスがいたパヴィーアを襲った。ミラノのすぐ南の要塞都市である。オレステスは逃亡したものの、八月二十八日、ピアチェンツァ付近で捕まり、処刑された。その弟パウルスも数日後、ラヴェンナ城外で戦死。これでイタリアにはゲルマン人の敵はいなくなってしまったわけである。東ローマ帝国からついに承認をとりつけられなかったたび皇帝ロムルスはラヴェンナで、その地位の象徴である紫衣をはぎとられたが、命は助けられ、ナポリの近くに荘園をもらい余生を送った。その余生が長かったか、短かったかはわからない。ローマの伝説的初代王とこのあわれな最後の皇帝がたまたま同じ名前であったという偶然は、古来歴史家たちに恰好の慨嘆の材料を提供している。

オドアケルとしてはここで外交手段を発揮しなくてはならない。ゲルマン傭兵軍がかれを王としたのは、かれに心服したからでも、独立の気運にあふれていたからでもない。ひたすら物質的利益を追求したためである。状況によってはいつオドアケルを見捨てるかわからない。要するに、かれの支配基盤はまだまだ脆弱だった。

まずかれは法的にローマ帝国のただひとりの国家元首となった東ローマ皇帝の承認を求めた。イタリアを合法的に支配するには、皇帝からなんらかの称号をもらわなければならないのだ。まだ皇帝であったうち、ロムルスはオドアケルの意向のまま元老院と連絡をとりつつコンスタンティノポリスに使節を送り、皇帝の位を返上している。その口上は、イタリアには諸般の事情から独自の皇帝は不要となった、西と東のローマにはひとりの皇帝で充分と思う、ひいてはゼノンがオドアケルなる男にパトリキウスとしての権威を許可し、西ローマを支配することをお許しいただきたい、という奇妙なものであった。

それとときを同じくして、オレステスのために帝座を追われた西ローマの前皇帝ネポスも、失地回復に乗りださんものとゼノンに金銭と軍事面での援助を乞うてきた。ゼノンは、オドアケルはそのネポスからパトリキウスに任じてもらっては如何、といいながら、オドアケルへの返書には、かれをすでにパトリキウスと呼びかけていた。態度が曖昧である。どう処理したらいいか、迷ったのにちがいない。傭兵の王がイタリアを支配することを公式には認めなかったけれど、西皇帝の御璽などを送りかえすこともしなかったことからも、それはわかる。

しかし、都合のいいことにネポスは四八〇年に世を去り、そのあとでオドアケルが任命した西ローマ執政官にはゼノンも承認を与えた。これでオドアケルは当然ながら皇帝から全権を受けたと考えた。かれは暴君ではなかった。支配ぶりは賢明であった。これまでのローマの行政機関はそのまま。オドアケルは執政官を含む官吏を任命するが、たとえ形式的であれ、東皇帝の名においてである。ゲルマン人たちはひたすら軍務につく。ローマ人とはきびしく区別されたかたちで。かれらの希望で大半は上イタリアに地所をもらった。イタリアは日本と同様国土の大半は山地で、前述したように平野部分は六分の一にすぎず、その七十パーセントが上イタリア、厳密にはポー川流域となる。ゲルマン人はそこをえらんだ。テオデリックが築いたイタリアの東ゴート王国は、オドアケルのやり方を踏襲したのだといえる。

オドアケルがイタリアで悪政を敷き、テオデリックがそこからイタリアを解放して大王とたたえられるようになった……旧制中学時代、筆者はなんとなくそう考えていたものだが、そうではなかったらしい。オドアケル自身にも大王と呼ばれうる可能性がなかったわけではないようだ。そうなるのとならないのとには、器量の差もさることながら、周辺の状況とさまざまな運が働きかけている。あたり前のことであるが。それまで庶民にきびしかった課税制度の緩和にオドアケルが努力したと読むと、もっと同情したくなる。

自分はアリウス派のキリスト教徒（アリウス派についてはあとで説明する）でありながら、オドアケルはローマのカトリック教会にもずいぶん気をつかった。それでもローマ人に愛されなかったのはなぜだろう。のちの英雄伝説にもかれの名はたえてない。

外交面でもオドアケルは成果をあげた。イタリアの国境を確立することがその主眼であった。ヴァンダル王ゲイゼリックとの交渉でシチリアの大半をイタリア領にもどしたし（四七六年）、ゼノンの承認の下、西ゴートに南プロヴァンスを割譲して和を結んだ（四七七年）。当時西ゴートはローヌ川を渡り、イタリアに一度攻撃をかけてきている。ブルグントとも協定を結んだ。四八〇年初頭にネポスが暗殺されると、その復讐と称してダルマティアを占領したが、これはこの地方がイタリアに対する攻撃の基地となるのを阻止するためであった。

テオデリック、イタリアへ

しかし、ゼノンとオドアケルの仲が、換言すれば、東ローマとイタリアとの関係が悪化するのは、はじめから目に見えていたことだった。反目の発生は時間の問題にすぎなかった。オドアケルはやがて反ゼノン派に肩いれし、公然と干渉をはじめたのである。テオデリックとオドアケルという両面の敵に対抗するべく、ゼノンはゲルマンのルギ族にオドアケル討伐を委託した。成功報償はむろんイタリアの土地。ルギ族はこの機会に念願の沃土をものにできるかとはやりたったが、オドアケルの反応はすばやかった。ルギ王族間の内紛を利用し、逆にイタリアからルギ族の本拠（パッサウからウィーンにかけてのドナウ川領域）に攻撃をかけ、いっきに壊滅させたのである。その王フェワと王妃ギーゾは捕虜となり、イタリアに連れてこられて処刑された。

その王子フリーデリックは四散したルギ族を集め、四八八年に王国の奪還を図ったものの、失敗。かれの母は東ゴート族の出身なので、オドアケルの軍事力に追われ、焦土作戦に悩まされたフリーデリックたちはテオデリックに助けを求めた。敗残のルギ軍がドナウを下る途中、あってしかるべき邪魔はなかった。おそらく東ローマが裏で工作していたのだろう。フリーデリックが下モエシアにテオデリックを訪ねたとき、テオデリックとゼノンとはすでにイタリア対策を決めていたらしい。

その内容は重大である。つまり、テオデリックはイタリアに遠征してオドアケルを破り、そのあと代償として、皇帝がイタリアにみずからもどって支配権をとりもどすまで、その名代としてイタリアを治める……と、なっていた。テオデリックは大いに乗り気だった。下モエシアではやはり領土として不服だが、イタリアなら文句はないのだ。あたかも不動産屋の広告を見て検討するかのように、東ゴート族の王テオデリックは決意をかためたのかもしれない。ドナウ下流地帯はやはり二等地、だが、イタリアなら掛け値なしの一等地である。ことに、少年期をコンスタンティノポリスで送ったテオデリックにとり、イタリアは憧れの地だったにちがいない。これまで一等地を出ししぶっていたゼノンがいまになって気持ちを変えたのは、むろんオドアケルのためである。テオデリックのほうが少なくともオドアケルよりは信用できると踏んだためである。

この協定が当事者どちらかの死後も有効となっていたのかどうか、明記されてはいなかったが、ゼノンの後継者アナスタシウス帝もテオデリックをイタリア王と認める拠りどころにこの協定を使っているし、テオデリックを継ぐ東ゴート族の王たちもそうだった。

だから、東ローマの歴史ではめずらしいことながら、パートナーの死後も有効とされる協定だったと解釈される。むろんパートナーがその地位を維持している限り、ではあるが。

テオデリック軍は行動を起こした。兵力は推定するほかないが、常識的な線で二万か。とすると、移動を開始したのは全部ふくめて十万前後。むろんバルカンに住まいするゴート人のすべてが参加したわけではない。だが、テオデリックはできるだけ民族の合意を得ようとつとめ、少数派のクリミア・ゴート人にさえ誘いをかけている。むろん、これは受けいれられなかった。かつてテオデリック・ストラボの影響下にあったトラキアのゴート人にしても同じであった(のちにかれらは東ローマの指図でこのイタリアの兄弟国の討伐に加わっている。確執はまだ尾をひいていた)。

しかし、非ゴート人はけっこうついていった。フリーデリックの率いるルギ族からなる支隊はむろんのこと、皇帝の親戚をふくむローマ人もかなりいたという。

テオデリックは国造りに出発した。これまでのかれの行動には短絡的なものも確かにあったけれど、最終目的ははっきりしていた。東ゴート族が定住できる場所を条件のよい土地に確保することである。かれもかれの祖先たちもめざすところは同じであった。

十万人分の食糧を東ローマ領内でその都度調達するわけにはいかないので、四八八年度の収穫を待って出かけた。これだと行動中に冬になってしまう恐れがあったが、やむをえない。ドナウ川をはなれ、南岸のローマ軍道を西進、シルミウム(いまのスレムスカ・ミトロヴィツァ、ベオグラードの西約百キロメートル)に到達。このあたりかつては東ゴート族が住みついていたのだが、四七四年からゲピード族の領域となっていて、その大部隊がブコバル付近で迎撃態勢をとっていた。古い伝説ではゴート族とともに舟でスカンディナヴィアからバルト海を渡ってきたはずのゲピード族も、状況しだいではすぐ敵となる。ことによるとオドアケルの作戦の一部だったかもしれない。テオデリックは陣頭に立ってゲピード軍を敗り、食糧その他を分捕った。ゲピードのトラウスティラ王もこのとき戦死した。

そのさきでテオデリック軍は東ローマ領をはなれて越冬し、翌年の収穫までを過ごしたらしい。気の長い話とは思うが、兵站線をもたず、自給自足でいくとなれば、こうするほかない。ルギ族の主力はこの段階で合流したと見られる。パンノニア（オーストリア東部）でイラン系サルマート部隊の攻撃を受けたが、これもなんなく撃退。そのあとでは、これまで多くのゴート人がイタリアにはいったのと同じ道をたどった。いまのリュブリャナ平原からトリエステ湾に注ぐイゾンツォ川の橋にオドアケル軍が布陣していた。

イゾンツォの戦い。有名な事件である。ここで三十四歳のテオデリックが五十六歳のオドアケルとはじめて戦場で相まみえたのだった。ときに四八九年八月二十八日。テオデリックの勝利だった。オドアケルもいくさ上手だったが、テオデリックのほうが上をいった。イゾンツォを越せばそこはイタリアである。

イタリアでの戦い

ひと月もしないでテオデリック軍はポスティミア街道経由で北イタリアのヴェローナに進出。後世、ドイツ英雄伝説でテオデリックはベルンのディートリッヒと呼ばれるのだが、このベルンはヴェローナのこと。スイスのベルンとは関係ない。

ここでイタリア王オドアケルは第二の戦いを挑んだ。テオデリックはここでも個人的な勇気を発揮したらしい。オドアケルはまたも一敗地にまみれ、九月三十日、ラヴェンナに逃げこんだ。

テオデリックのイタリア征服は簡単にいきそうに見えた。ヴェローナにつづきメディオラヌム（ミラノ）をも占領したが、そのとき聖俗の要人たちがこぞってテオデリックを迎えた。オドアケルの軍事長官のトゥファ（これもゴート人）とその兵力の大半もテオデリック側に移ってきた。これはイタリアの軍事長官が皇帝任命の総司令官の命令権を受けいれるという法的な問題だから、テオデリックはトゥファを信用し、精鋭部隊をつけてラヴェンナ攻略に派遣した。投降した将軍に重要任務をあたえるのは心理的に有利と判断したのだろう。事実、ラヴェンナは尋常の手段では陥落させられない要害である。

テオデリックとしては迂闊だった。トゥファはまた寝返って旧主オドアケルのもとに走った。むろんテオデリックからあずかった精鋭部隊もろとも。トゥファに最初からその気があったのかどうか、くわしいことは不明だが、とにかくテオデリックには手痛かった。やむなくティキヌム（いまのパヴィーア。ミラノの南）に籠城を強いられた。オドアケルはすかさずその包囲にかかり、かたわらクレモナを奪取したが、この混乱に乗じてガリアのブルグント族が北西イタリアに侵入、地中海に臨むリグリア地方を略奪し、大勢のローマ人を奴隷として連れさっている（のちイタリア王としてテオデリックは身代金を払い、そのローマ人たちを解放した）。

戦局がテオデリックにとり好転したのは四九〇年になってからである。西ゴートのアラリック二世が援軍を送ってきたのだ。ゴート族連帯のしるしというよりは、算盤をはじいたのだろう。とにかくそのためオドアケルはティキヌムの囲みを解き、東方四十キロメートルのアッダ川の線まで後退し、追いすがるテオデリック軍を迎撃したが、敗れた。内務長官ピエリウスをもそこで失っている。四九〇年八月。その前に、いっときの勝利で強気になったオドアケルはローマ前面に兵を進め、息子のテーラを西ローマ副帝に推挙させようとさえしたのだが、いまはそれどころではなくなった。ラヴェンナ要塞にこもる以外に策はない。

トゥファは旧主の別動隊となってアディジェ川上流の谷に拠り、予期しなかった援軍をも得て抵抗をつづけた。テオデリックは丹念に少しずつそれを潰していく戦術をとった。

そのやり方は味方全員の賛成を受けたわけではなかったが、結局は正しかったとわかる。そのあいだにはコンスタンティノポリスとの面倒な交渉もある。苦難の時期がつづいた。

テオデリックにはそのころむろん妻がいた。正妻ではなかったが。戦士たちも家族をかかえてイタリアにはいったはず。軍が転戦するあいだ、その家族たちはどこにいたのだろうか？　どういう生活をしていたのか？　そこのところを語る記録はない。すでに占領して治安の良い町や村に分かれ、少数の兵力に守られていたのだろうか？

火事場泥棒をたくらんだのはブルグント族だけではなかった。アフリカのゲルマン王国ヴァンダルもシチリアに侵入したが、四九一年、ゴート部隊に完敗を喫し、以前オドアケルによって課せられていた年貢まであらためて納める羽目になった。当時のヴァンダル王はグンタムンドといったが、建国の祖ゲイゼリックの勢いはとうになくなっていたのである。

外敵問題がいちおう片づいたと思ったら、はじめからの同盟者ルギ族とのあいだがぎくしゃくしてきた。オドアケルがティキヌムの囲みを解いてからも、フリーデリックのルギ部隊はそこの防衛にあたっていたのだが、占領軍として横暴に振る舞い、住民を虐待しつづけた。統治者の器ではなかったということである。これではテオデリックの政策に汚名をきせることになる。四九一年、テオデリックはみずからティキヌムに赴いて、フリーデリックをたしなめたけれども、相手は逆うらみをし、兵とともにトゥファのところに走ってしまった。テオデリックとしてはフリーデリックをもトゥファをもヴェローナの北に孤立させて、ときを待つことにした。これは賢明な策だった。

　はたして四九二年かその翌年に両者は仲たがいして、ヴェローナとトレントのあいだのどこかで激しく戦い、ともに死んだという。その結果、ルギの兵たちは仕方なくテオデリックのもとにもどり、テオデリックもそれを受け入れた。トゥファという名前はルギ族に多く、オドアケルについてイタリアに来たのだろうが、ルギの王子フリーデリックとことによると親戚関係だったかもしれぬ。よくあることだが、皮肉といえる。

だまし討ち

　ルギ問題はなんとか片づいたものの、要塞ラヴェンナには手こずった。前述したように、当時としては難攻不落の要塞で、あと二年間は海側から補給が確保されていたので安泰だった。事情が変わったのは四九二年の八月。テオデリックは近くのリミニに海上兵力を集め、ラヴェンナの全面封鎖に成功したのである。その前にオドアケルは最後の力をふりしぼって打って出たが、予期した成果はあげられなかった。双方の損害は甚大で、これには数において劣る守備側のほうがこたえた。トゥファの後任のリヴィラもその精鋭部隊とともに倒れた。

オドアケルがこの時点でまだ勝利の希望をいだいていたとは思えない。だが、そのときラヴェンナの（カトリック）司教ヨハネスが仲介役をかってでた。テオデリックとオドアケルがラヴェンナを首府とするイタリアを共同支配したら如何と提案したのである。現実ばなれした話のように見える。イタリアをめぐる戦いの帰趨はすでに明らかだったはずだから。しかし、ヨハネスは大先輩にあたるレオ教皇がアッティラをみごと説得、退去させた故事をよく知っていて、それなりの自信があったのだろう。攻めあぐねていたことは確かなテオデリックは、この提案を巧みに利用して、味方の出血をなるべく押さえて決着をつけようとしたのかもしれない。海千山千のオドアケルが、疑いは当然もったろうが、ともかく話に応じたというのは、藁でもつかむ思いだったのだろうか。

ヨハネスの申し入れを承認したテオデリックは法的にはゼノンとの約束を破ることになるものの、ラヴェンナ入城を果たした。四九三年三月五日。そして早くもその十日後、三十八歳のテオデリックは六十歳のオドアケルをみずからの手で殺したのである。招待した食事のあいだにだまし討ちにしたのだった。オドアケル側にも同じ企みがあったか、もしくはあるのではないかとの疑心暗鬼にかられての行為だったのかもしれぬ。大義名分としては、かつてオドアケルに殺されたルギのフェワ王とギーゾ王妃の仇討ちということである。ふたりの息子フリーデリックがテオデリックに反旗をひるがえしたばかりという事実は無視している。

オドアケルは最後の力で「神はどこにいる！」と叫び、テオデリックは「余の身内にしたことの返礼だ」と、答えたそうである。またテオデリックの腹心二名がなにかを頼むような素振りでオドアケルに近より、その両手を押さえているうちにテオデリックが剣を胸に突きたて、「なんだ、骨もないではないか」と、嘲ったともつたえられる。オドアケルはキリスト教徒としての葬儀もしてもらえず、その妻スニギルダは餓死させられ、兄フンウルフは教会に逃げこんだが、無数の矢をからだにうけてこときれた。息子でかりそめにも副帝を称したテーラはすぐには殺されなかった。オドアケルがかれを前もってテオデリックに人質としてさしだし、命をとらないことを誓わせていたからであった。しかし、やがてテーラはガリアの西ゴート族のところに追放され、そこが嫌でイタリアにもどろうとしたところを、今度は公然と殺された。

オドアケルのゲルマン系の一族郎党も、あらかじめ出されていた命令で、いっせいに攻撃を受けた。その家族も容赦されなかった。しかし、オドアケルについていたローマ人はそれほどひどい目にあわずにすんだ。テオデリックはかれらの財産を没収するつもりだったけれど、司教ヨハネスのとりなしで思いとどまったのである。元老院議員も刑場にひきだされることはなかった。四九三年末にはテオデリックはイタリア全土の事実上の支配者となっていて、ゴート軍はかれがイタリア王であることを再確認した。

オドアケル一党をこういうかたちで根絶しておかなければ、禍根を残すことは明らかで、まさに戦国のならいというところなのだが、それにしても、いったん誓いあった協定を踏みにじったのである。どうみても正当防衛とはならない。テオデリック自身はあるいは気にしていなかったのかもしれないが、後世のわれわれにはそうではない。まして、かれはドイツ中世英雄伝説の人気者だったのだ。これはどういうことなのかとつい思ってしまう。

しかし、である。かりにいまタイムマシンでテオデリックの前にあらわれ、このことをなじったとする。きっとテオデリックは状況を分析説明し、むしろこちらに同情するような顔で、あなたならどうするね、と、反問するであろう。それに対しまともな答えはどうもできそうにない。いや、その前に、相手に貫禄負けして質問もろくにしないで引きさがることになりそうだ。

王位承認交渉

テオデリックが東ローマとかわした約束は、皇帝がイタリアに来るまで、その名代としてイタリアを治めるということだった。総督、代官のかたちでとも解釈できる。だから、いま軍事的成果を収めたテオデリックとしては、正式に王位を認めてもらう必要があった。その依頼で西ローマの元老院議長フェストゥスはコンスタンティノポリスに出かけた。それは早くもアッダ河畔での勝利のあと、四九〇年の秋のことだったが、結果は芳しくなかった。次回の交渉はラヴェンナの包囲を完成させた四九二年の八月。その時点でゼノンはすでにこの世の人ではなく、アナスタシウスが跡をついでいた。

交渉がいたずらに長びくだけなのにしびれを切らして、テオデリックは四九三年三月、ゴート軍が新皇帝の承認なしでかれをイタリア王に選んだときも、反対はしなかったのだ。しかし、東ローマとことを構えたくないというのがテオデリックの基本的態度であった。四九七年に再度交渉の使命をおびてコンスタンティノポリスを訪れたフェストゥスに皇帝は好印象をもったらしく、やっとテオデリックは西ローマの支配者と認められたのである。オドアケルの死後四年もたっていた。

ゼノンはオドアケル政権が倒れた場合、皇帝が西ローマに来るまでテオデリックがそこを支配するといったはずだが、そのオドアケルもゼノンも死んだいま、アナスタシウスは東ローマのことで忙殺され、ラヴェンナにやって来て、皇帝ごっこをする余裕がない。したがってテオデリックは正規の皇帝にとりかわってイタリアを治めるということになった。前にも述べたけれど、西ローマが東ローマの手がかかるだけで頼りない弟分のようなものになりさがっていたわけで、テオデリックはかえってそこに自分の自由な行動の余地を見たものであろう。

テオデリックはここで正式にはフラウィウス・テオデリクス・レックスと呼ばれることになった。五〇一年にこの名をはじめて使っている。レックスは〝王〟である。レックス・ゴートルム（ゴート人の王）と名乗ったことはない。このフラウィウスというのは古い皇帝の姓で、前に東ローマの皇帝からあたえられたもの。のちの初代神聖ローマ皇帝カール大帝も公的にはこう称した。

テオデリックは若くして父の意向にしたがいゴート軍によりすでに王とされている。このときの王位は実質的に軍事最高司令官の性格が強い。それが東ローマ皇帝の愛顧を受けて、執政官職とともにローマ市民権と貴族称号、おまけに軍事長官の位をもらい、イタリアにはオドアケル討伐連合軍の最高司令官の資格で赴いた。オドアケルに勝ったことでゴート軍は西ローマの正規軍となり、その事実を土台としてテオデリックは改めてフラウィウス・テオデリクス・レックスとなったのだ。自分は東ローマ皇帝の次位にあるとかれが自負しても当然だった。

政治

東の新皇帝との交渉の使節にゴート人の側近ではなく、はじめから西の元老院議長をえらんだことからわかるように、テオデリックは古来のローマ官僚機構を手本とすることになんら躊躇しなかった。この点ではオドアケルも同じ線を守っていた。この面でテオデリックを補佐し功績をあげたローマ人は若い元老院議員のリベリウスだった。もとオドアケルに仕えていた人物で、テオデリックに乗換え、イタリア人からなる親衛隊長の職にあった。しかし、扱ったのはさしあたり軍事ではなく、ことにゴート人入植政策では行政的才能を振るった。ゴート人の入植は主としてイタリアの北部と東部で、ローマ人地主は資産の三分の一をさしだした。シチリア、南部イタリア、カンパニア、それにローマ市周辺にゴート人の入植はなく、そこの地主たちは代わりに土地収入の三分の一を税としてさしだし、それをゴート軍の給料にあてた。事実上の軍事予算とみなしていい。

元老院議員、執政官の任命権は東の皇帝が手放さなかったけれど、テオデリックにはイタリア住民に対する重罪裁判権と恩赦権があった。教会関係のことにも発言できた。国の経済活動はさかんになり、通貨改革に成功したおかげでラヴェンナの国庫は満ち、その財力でテオデリックは積極的に建築物の修復をおこなった。水道橋、要塞もふくめてである。五〇〇年には即位三十周年（最初にゴート王となったときからかぞえて）を記念して、人民に穀物を気前よく分け、サーカスを催し、ローマ市で凱旋式をやって見せた。東皇帝の立法に抵触することなく、古来のローマの皇帝権を実情にあわせて近代化するという芸当をやってのけたのがテオデリックだ、とする人もいる。だから、ゴート人にはもちろんのこと、国民の大半を形成する西ローマ人（つまりイタリア人。当時は五～六百万人という ところだったろうか）にも評判はよかった。税制面での負担減少、公平化にももちろん努めたことであろう。ローマ人たちもテオデリックの像を方々に建て、ドミヌス（主君）と

アエミリア
ラエティアⅡ
アルペス・
グライアエ
ラエティアⅠ
ウェネティア・
ヒストリア
ミラノ
リグリア
ラヴェンナ
フラミニア
アルペス・
コッティアエ
ピケヌム
トゥスキア・
ウンブリア
アドリア海
コルシカ
サムニウム
ローマ
カンパニア
サルディニア
アプリア・
セラブリア
ルカニア・
ブルッティ
地中海
シチリア

イタリア内の行政区

呼び、アウグストゥスという尊称をつけることさえあった。これは正帝を意味する。法的には不当な呼称である。

しかし、当然のことながら、なにからなにまでローマそっくりというわけにはいかない。結局は少数派の異民族支配なのだ。そこのところの調整がテオデリックの最も腐心したところで、具体的には軍がその対象になった。ここはゴート人だけの社会である。

ローマ帝国では昔から皇帝自身に任命された監督官（コメス）が官僚機構の管理、監視にあたっていたが、テオデリックはそれを模し、軍内部にコメス・ゴートルムという制度をつくり、ローマ官僚機構に加えた。名はゴート人たちのコメスだが、実質は軍政監というところである。この職にあたる者は、地方官吏を駆使でき、軍事任務を遂行し、地方裁判権を持つが、ゴート人対ローマ人の紛争を裁くときには、法に通じたローマ人の補佐が必要と決められていた。この職はふつう平時には一都市を管轄とするのだけれども、ゴート民間人は住まず、動員部隊しかいない場所では管轄区がひろげられた。たとえばシラクーザの軍政監はシチリア全土のほか、ナポリからカンパニアの海岸すべてをテオデリックに替わって治めたのである。

兵力は少ない。戦略家テオデリックはいまの東ローマとの甘い関係にだまされることなく、ことを長い目で冷静に見ていた。その結果、脅威はやはり東方から来るだろうと考え、その方面を固めるのを第一とした。ほかにはいまのロンバルディーアとヴェネト地方に駐屯地が多かったが、トスカーナとマルケ地方も重視された。ダルマティアでも大陸部と島々に兵営がおかれた。しかし、ゴート将兵が家族ともどもそこに住みついたわけではないらしい。

軍人にはときどき功績に応じてボーナスが支給された。五ソリディほどのボーナスはよくあったらしく、それで八人家族の穀物一年分を購入できたという。こういうボーナスは自分で首都ラヴェンナに出かけていって拝領するのが決まりだった。その旅行も公務で、経費が出た。きっと多くはほかの任務を兼ねての出張だったのだろう。軍事的理由から部隊の配置転換ということもあり、それによりなんらかの損害を受けた住民には国から補償金が支払われた。

テオデリックは身内に対してもきびしかった。甥にテオダハドというのがいて、トスカーナに領地をもらっていたが、これが誠に強欲で、策を弄して隣人たちから土地をとりあげていたため、テオデリックはかれを二度も法廷に立たせて追及した。このテオダハドはあとで重要な登場人物となるわけだが、やれプラトン哲学だ、やれ神学だとひけらかし、はなもちならない男だったらしい。堕落したゴート人の見本である。

軍事

軍はゴート人が独占することになってはいたが、それに関係したがるローマ人は絶えなかった。そのため、やがて在郷軍組織がつくられ、地域単位で軍務に準ずる仕事にあたった。城壁の建設、維持などには、ゴート人もローマ人も動員された。そのころから数を増しつつあったユダヤ人も同じであった。のち、五三六年に東ローマ軍がナポリを包囲したとき、ユダヤ人組織は補給活動のほか、戦闘そのものにも参加したほどである。

アルプス山中とその北にゴート軍の駐留拠点はなかったが、その代わり、民兵組織がおかれてアルプスの峠を守った。

祖先の時代からゴート人はまず騎馬戦士で、馬は貴重な財産だった。むろん歩兵もよく組織・訓練されていて、特別の任務をさずかっていたが、決定打は騎兵の特権であった。兜で頭部と頰をおおい、膝まである鎧はかならずしも金属製ではなかった。革のものもあった。長槍、剣、円楯が武器で、馬にも鎧を着せる代わり、鐙《あぶみ》がない。鐙がないから騎乗には高度の熟練が必要であった。攻城は得意とはいえない。

本格的海軍は結局持てなかった。海軍についてはヴァンダル族のを当てにしていたのだが、その当てはすぐはずれてしまった。このことはのちの対東ローマ戦にとっては痛かった。

縁戚外交

オドアケルの死の直後、四九三年三月、テオデリックはフランク王クロドウェックの妹アウドフレーダを妻に迎えた。それまでテオデリックに正妻はなく、すべて側室だったようだが、一側室とのあいだに生まれた娘ティウディゴートを西ゴート王アラリック二世に嫁がせた。ティウディゴートの妹オストロゴートはかねてよりブルグント王子シギスムンドと婚約の仲で、式を四九六年に挙げた。この結果、ブルグントは以前リグリアに侵入したとき連れさった六千人の捕虜を解放し、以後イタリアに侵攻しないと誓約をいれた。五〇〇年ごろ、テオデリックの妹アマラフリーダがカルタゴのヴァンダル王トラスムンドのもとに輿入れした。このときヴァンダル王国はまだまだ地中海の支配者だった。彼女は再婚である。前の夫についてはわからない。将校千名、その士卒五千名をひきつれ、西部シチリアのマルサラ（古名リリュバエウム）周辺の土地を持参金として嫁いでいった。やがてふたりのあいだに生まれた娘アマラベルガはチューリング王ヘルミナフリードの妻となった。まだごく幼いころに、である。これで内外の憂いは一見なくなったようだったが、のどかな夢が長つづきしないことはやがて明らかとなった。しかし、結果からいうと、テオデリックに男子の跡取りが生まれなかったことが、やはり致命的だったことになる。

宗教問題

はためには好調だったテオデリック政権にかげりがさしはじめたのは、教会のことがきっかけになってだった。

ゴート族をふくめゲルマン人はたいていアリウス派のキリスト教徒であった。アリウスはアレクサンドリア教会の長老だったが、その師ルキアノスの説を展開させ、新プラトン主義に依って神の本質論争をはじめた。かれによると、三位一体ということはありえず、父なる神が頂点にあり、神の子はロゴスで、父により創造され、したがって父に従属するものなのであった。つまり、イエス・キリストは神とこの世界との仲介者としてしか存在しえない。

この論争が大騒ぎをひきおこした。いまのわれわれは無責任に、どうでもいいではないか、と、思うのだけれど、当事者同士としてはそれどころではない。アリウス自身は三二一年に監督アレクサンドロスによって同教会から破門されたが、それでも、対立は激化する一方なので、大帝と称されたコンスタンティヌスが三二五年、ニカエアで公会議をひらき、激論の結果、アリウスは正式にキリスト教界から追放ということになった。その席上、アリウスが自説をひるがえしてカトリックを受け入れれば復権できると条件がつけられたけれど、アリウスを憎むことははなはだしいアレクサンドロスの後継者たちは、その復権をアリウス自身の死まで延ばすことに成功した。

公会議ではキリストは父なるその神と同質であるとされたわけだが、これで問題が解決したことにはならない。これだとイエス・キリストには独自の本質性といったものがなくなってしまう。父なる神の特性を希薄にしただけのものとなってしまう。つまり、はためから見ると、アリウス派に関してカトリックの攻撃の対象となったこととどこが違うのかといいたくなる。哲学的思弁の伝統をもつ東方では人々はアリウスの教義を捨てきれなかった。そこのキリスト教徒たちは三位一体という概念をなかなか受け入れられず、一方アリウス派側でも過激な主張をとりやめ、不和と騒擾を心配するコンスタンティヌスの援助もあり、ニコメディアのエウセビウスのすぐれた指導を受けて、東方ではカトリックを一時圧倒した。これには帝国の東西分裂の影響もあっただろう。

西ゴートの傑僧ウルフィラ（この人物のゴート語訳聖書についてはあとでふれる）がこのエウセビウスから洗礼を受けたこともあって、アリウスの教義はまずゴート族全体にひろがり、ついでほとんどのゲルマン族もそれにならった。たしかにある意味では論理的な教えで、カトリックの教義より受け入れやすい。しかし、ゲルマン族はふたつをくらべて見て、そのひとつを採用したわけではなかろう。ただなんとなく、偶然にアリウス教徒ということになったはず。ローマ文化の一部として、ふむふむ、なるほど、こういうものか、と考えたぐらいだろう（筆者にしたところで、この精霊というものがどうも明確につかめない。ましてや昔の武骨なゲルマン人に理解できたはずがない。かれらは、こういうものが文明なのかと半ば感心し、半ばあきれながらそれを採り入れたのだろう。そして、時代とともにそういう問題を文明化したしるしとして真剣に論じるようになってきた）。

のちに情勢が変わり、支配階級を形成するようになった少数ゲルマン人が、支配される多数ローマ人の信奉するカトリックと異なる宗教を持つのは当然という考えが、アリウス教義を長生きさせたとも思える。一種の精神的ステータス・シンボルのようなものとされていた時期があったのではなかろうか。

アリウス派では唯一最高の神の存在を前提とし、その子キリストは被造物のうち最高なるもの。キリスト以外のものは精霊を含めてすべて、神の意志を踏まえてこのキリストによって造られた。中世の異端カタリ派も、見当ちがいだが、一時期アリウス派と呼ばれたこともあった。アリウス派は〝異端〟の同義語となったわけである（ちなみにカタリ派とは、十二世紀後半から十三世紀前半にかけ、南フランスに発生した教派で、キリストの神性を否定したため、凄惨な弾圧をうけ、消滅した。これも起源はバルカン半島とされている）。

人が争うのはなにも富や権力をめぐってだけとはかぎらない。宗教の教義、政治のイデオロギーを焦点にしての争いのほうがたいていは深刻なもの。自分たちをふくめて人々の魂の救いがかかっていると真剣に考えたら、これはもう手におえない。ましてや、そこに富や権力への志向がからんでくるとなると、どうしようもないとさえいえよう。

四九六年、フランク王でテオデリックの義兄クロドウェックが、アリウス派からカトリックに改宗した。神学的思弁からとはどうしても思えない。戦略的ばかりでなく、さまざまな面でこのほうが有利と判断したからであろう。テオデリックは最後までアリウス派に固執した。なにも義理があったわけではない。どっちが有利かとのことで義兄とは別の判断をしたためにすぎなかろう。五〇〇年にローマ市を訪問したとき、テオデリックはあたかも自分がカトリックであるかのように振る舞ったという。そういえばテオデリックの母もゴート人としてはめずらしくはじめからカトリックで教皇と文通もあったらしい。テオデリック自身はこういう宗教的問題に寛大というより、真剣な関心は持たなかったのかもしれぬ。

しかし、たとえかれ自身が関心を持たなかったとしても、ローマの皇帝たちはかねてより宗教の重大なことに気づいていた。かつては力がすべてであったといっていい。民衆のなかでも力ある者が勢いをたくわえた。悪をなす者も、おのれの命をそこに賭けることで、悪をなす権利を持つと錯覚してもいた。復讐も神聖な義務とされていた。が、そこに登場したキリスト教がそういうことを禁じた。一見、弱者の宗教のように見えたが、やがて為政者はそれが統治のためにいかに便利であるかに気がついた。教会とうまくつきあっていけば秩序がむこうからころがりこんできてくれるのである。こんなうまい話はない。

支配者が個人として熱烈な信者になるというのは別の問題のようだが、この時代ではそれが意味するところは重大であった。

三　テオデリックの晩年と死

乱

姻戚外交で周辺をかためたつもりでいても、なかなかそう思うようにいくものではない。カトリックに改宗したのをいいことに、クロドウェックのフランク軍は五〇二年にはブルグントを征服し、テオデリックの仲介を蹴って、西ゴートをも大敗させた。この戦いにあたり、フランクの膨張政策を利用して西方の安定を図った東ローマ皇帝アナスタシウスは、東ゴート族の干渉を阻止するため、イタリア沿岸に艦隊をさしむけて牽制し、ヴァンダル王さえもアナスタシウスと秘密同盟を結んだ。まさに何を信用したらいいかわからない。子供の仲良しクラブではないのだから仕方ないものの、このあたり少々めまぐるしすぎる。

しかし、テオデリックは強気に出た。イタリアよりのガリア地方がフランク王国のものになるのはどうしてもまずい。五〇八年、イッバの指揮する東ゴート軍は地中海に近い南部アルプスの峠を越えてアルルを奪還し、フランク＝ブルグント軍を南ガリアの地から追いだした。これでいまのプロヴァンスは東ゴート領となり、西ゴート族の一部から王にえらばれていたゲザレックがいまだ西ゴートの領土だったスペインと、ナルボンヌを首都とする通称セプティマニア地方で、テオデリックの名代をつとめることになった。

このゲザレックはヴァンダル王トラスムンドに軍事援助を求めにいったが断られ、そればかりか、帰国しようとしたところを殺された。トラスムンドはテオデリックの義弟である。テオデリックにそのことをなじられ、あわてて謝罪している。これが五一一年のことだった。

またテオデリックはなにかとフランクにいじめられているライン上流のアレマン人をも保護下におき、東ゴート王国の版図におさめた。すべてフランクをイタリア国境に近づけないための処置である。テオデリックの妃はフランク王クロドウェックの妹なのだから、夫婦のあいだには当然さまざまなかたちで軋轢があったものと思われるが、記録は残っていない。五〇五年にはゲルマンの有力勢力となっていたヘルリ王国がフランクにほろぼされたが、テオデリックの姪を妃としたヘルミナフリードのチューリング王国はフランクに対抗しつづけ、いちおう情勢は安定していたようであった。こういう軍事行動では東ゴート部隊が主力になっている。むろんイタリア人も参加していたろう。費用は旧西ローマである イタリアが出している。ある意味では旧西ローマと東ゴートが運命共同体としてイタリアを形成しているともいえた。

五〇四年にテオデリックは名将ピチアを派遣して、ゲピード族からパンノニア・インフェリオル（ハンガリー西部）と要衝シルミウムを奪った。が、この近くで、アッティラの孫とされるムンドという男が野武士の大集団をひきいて国家のようなものを造りあげていた。東ローマはさっそくそれを潰しにかかったけれども、テオデリックは新しいゴートの州のそばにおくのは東ローマ軍よりもムンドの山賊国家のほうがまだましと考えたのか、ピチアに命じてムンドを援護させ、ために五〇五年、東ローマ軍は大敗して、モエシア・スペリオル州の一部（ベオグラード周辺）を失った。このためアナスタシウスは一時フランクに接近することになったのだが、東ゴート族の軍事力に圧倒されたかたちでテオデリックと和をむすんだ。これが五一〇年。現状維持でけっこうということだった。ちなみにピチアは五一四年、テオデリックの寵を失って処刑され、ムンドは五二九年、東ローマ軍の要職につくことになる。このムンドのほうがハリウッドで生まれたアッティラ像の手本と考えてもおかしくない。

跡継ぎ

テオデリックのもうひとつの使命は王国の跡継ぎを決めることであった。不幸にして男子の継承者がいないので、正妻アウドフレーダとのあいだのひとり娘アマラスウィンタに婿を迎えるほかない。あらかじめテオデリックはエウタリックといって当時スペインの西ゴート族の出とされていた人物に白羽の矢をたて、東ローマ政府の承認をもとりつけてあった。アマル家の血筋というのがその理由である。アナスタシウスのあとを継いだユスティヌス一世がそれを認めた。これによって自動的にエウタリックはローマ市民となり、五一九年には執政官に就任した。法的にはイタリア、ガリア、スペインがその管轄にはいる。エウタリックは執政官就任を記念して都市ローマで大祝宴をはり、ローマとラヴェンナで民衆のためにさまざまな競技を催し、元老院議員たちが威儀をただして参列した。エウタリックは親ローマ的ではあったが、カトリック嫌いだったそうである。だが、五二三年に急死してしまった。原因は不明。せっかく東ローマ皇帝からとりつけた跡継ぎの承認も宙に浮いたわけである。その息子のアタラリックはまだ七歳。東ゴート王国の空に暗雲があらわれはじめた。

つづく乱

エウタリックの死の少し前、ブルグントと東ゴートが不仲になった。ブルグントのシギスムンド王が王子シゲリックを殺したのである。その母はテオデリックの最初の結婚から生まれた娘だから、王子はテオデリックの孫にあたる。それを機にフランクがふたたびブルグントに侵入し、今度はシギスムンドが殺された。リヨンを中心とするブルグント王国がフランクのものになるのを阻止しようと、テオデリックは今度はトゥリンを将としてアルプスを越えさせ、フランク軍の抵抗にあうことなく、デュランスの北からイゼール川までを占領できた。五二三年のことである。ただし、これがもたらした安定は当座のものであった。

余談だが、ローマ帝国の街道には恐れいるほかない。ほかのことでは驚かなくても、街道だけにはあきれるばかりである。道路の舗装というものに最近まで関心のなかった日本からの旅人にはことさらその感がある。カルタゴのハンニバルがアルプスを越えたのが奇跡に近い偉業とされたのは、このときからでも七世紀以上も前の話で、以来ローマはアルプス街道の整備にいそしんだのだろう。ただ、優秀な街道は敵の侵入にも便利なだけこまる。

もっと厄介なのはヴァンダル王国との関係だった。五二三年に没したトラスムンドの跡をついだヒルデリックは、同盟の相手を東ゴート王国から東ローマ帝国に乗り換えたのである。むろん、テオデリックの妹でトラスムンドの寡婦アマラフリーダはその政策変更にはげしく抗議したけれど、父からあずかった家臣団もろとも殺された。当然ながら老テオデリックは怒り、復讐を誓った。だが、地中海を制圧するヴァンダル王国を攻撃するには、強力な艦隊が要る。この機会にかれは艦隊の建造を命じたが、結局は間に合わなかったのである。破綻は国内でも生じた。きっかけはやはり宗教問題。西ローマのカトリック教会と東ローマ政府との関係は、ゼノンとアナスタシウス帝の時代にはぎくしゃくしたこともあったのだが、五一八年に就任した新帝ユスティヌス一世は熱心なカトリック教徒であったため、事情が変わってきた。新帝は自分のところでアリウス派を迫害しはじめ、西のカトリック教会は由緒あるローマ貴族と結託し、東からの援助をあてこんで、イタリアでのアリウス派を根絶しようと新たな策動をはじめた。当然まず民族問題がそこにからんでくる。ゴート人とローマ人の調和を基幹とするはずのイタリアの東ゴート王国は、建国三十年を待たずしてはやくもゆらぎはじめた。

王国の統治を司ってきた高級テクノクラート集団にも動揺が生じた。テオデリックを信頼し、両民族の相互理解の調整をみごとにやってきたかれらではあったが、待てよ、なにかおかしいぞ、と、気流の変化をいちはやく感じとったのかもしれない。

ローマの有力貴族アルビヌスが、テオデリックを出しぬき、王位継承問題について、東のユスティヌス帝と交渉していたらしいのである。その手紙がかれの政敵の手にたまたまはいり、ラヴェンナにとどけられた。テオデリックは烈火のごとく怒り、ただちにローマ人を対象とする大法廷が開催されたが、弁護に立ったのはボエティウスだった。かれは当時のラヴェンナ宮廷の執政官だが、なにより第一級の学者として有名だった。哲学、神学、音楽学に造詣が深い。このボエティウスは検事キュプリアヌスに対し、「告発は不当である。もしアルビヌスがなにか仕出かしたとするのなら、わたしも元老院も同罪だ」と、発言し、逮捕された。

五二三年の秋からボエティウスは一年以上パヴィーアの獄にあり、そこで『哲学の慰め』を書いた。おのれの心の平安を古典哲学に求めたもので、中世以来ひろく読まれている。死刑と財産没収の判決を受けて、刑を執行されたのは翌五二四年の夏。ボエティウスは四十五歳ほどだったと推測される。

この事件を東ローマは内政問題ではなく、カトリックに対するテオデリックの迫害ととらえ、しかるべき報復処置をとった。東方に残ったアリウス教徒、つまり実質的にはゴート人たちから、信教の自由を奪う法令を出したのである。ことはさらにエスカレートし、五二五年にはボエティウスの岳父で元老院代表のシュンマクスも娘婿とおなじ運命をたどることとなった。

この一連のことについては確かにテオデリックに短絡の非があった。ことを憂い後悔もしたテオデリックは、教皇ヨハネス一世を頭とする使節団を東ローマに派遣して弁明につとめたが、もはやなんの役にもたたなかった。五二五年の秋になると、イタリアの聖俗名士たちはぞくぞくとコンスタンティノポリスに避難し、なにやら空気は騒然としてきたのである。

ヨハネス一世はテオデリックの期待を裏切って、みずからユスティヌスに帝冠を授けたりしたので、交渉の相手となれあいになったと疑われ、ラヴェンナにもどったところを自宅に軟禁されてしまった。そこで五二六年五月十八日に死んでいる。東ローマには、テオデリック政権を非難すべき願ってもない材料ができた。テオデリックは教皇後継者問題ではなんとか自分の推す人物をその地位につけることができたものの、いったん生じた亀裂は埋めるにはすでに深すぎた。五二六年八月三十日、ヨハネス一世の獄死に遅れること三か月とちょっとで、テオデリックはアリウス教徒として世を去ったのである。痢病だったという。享年推定七十一歳。最後の数年間、ややもすれば判断を誤ることがあったのは、祖エルマナリックの場合に似ているのだろうか。

テオデリックの死についてはいろいろな噂がとんだ。食卓に運ばれた魚の目玉が刑死したシュンマクスのにそっくりだったので、そのショックが死因だともされた。カトリック教徒たちはテオデリックが地獄におちるものと信じきっていた。リパラ島の隠者は、テオデリックが帯も靴もとられ、両手をしばられた姿で、ヨハネスとシュンマクスにより近くの火口に投げこまれるのを見たという。悪魔の馬で運びさられたとする者もいた。

要するに、ローマ人とゴート人、カトリックとアリウス派、ふたつの異なる文化を調和させようとしたかれの努力は実らなかったことになる。かれの治世は最終的には失敗だったのだ。なぜか？　問うまでもない。はじめから無理だったのだから。長つづきは望むべくもなかったのだ。しかし、このほぼ三十年間、イタリアは大規模の外敵侵入を経験せず、宗教上のことを除いては内乱もなかった。これは相当に評価してもいいのではないだろうか？　政治家や聖職者は別として、一般の人々は近来めずらしいおだやかな生活をたのしんだはずである。事実、方々の都市では市門を二十四時間あけっぱなしにして、市民はいつでも自由に通行できた。個人の家屋でも鍵をかけずにすんだという。これは特筆するに足りる。皇帝時代の最盛期でもローマ市街には強盗が出没していたというのだから。

イタリアに移住した東ゴート族は推定十万人。うち戦士は二万人。それが五百万ないし七百万のイタリア住人をこれだけの期間まがりなりにも治めてきたことのほうを驚くべきかもしれぬ。

ゴート人が上に立ったために民衆が重税で苦しんだとはたえて聞かない。後世までテオデリックの称号から〝大〟の字が消えなかった所以であろう。

だが、人間は安定を得ると、かならずさらに自由を欲しがるもの。そのあたりの認識がテオデリック個人もしくはそのブレーンに欠けていたとはいえようか。テオデリックの言葉としてつたえられるものに「あしきローマ人はゴート人になりたがり、あしきゴート人はローマ人になりたがる」というのがあり、人間性にもなかなかに通じている人物だったのだが。のちにカール大帝はラヴェンナにあったテオデリックの騎馬像を持ちかえり、自分の宮廷においたという。今でもラヴェンナの郊外にはテオデリックの霊廟が公園のようになって保存されている。はいるには入園料をはらわなくてはならない。遺体はそこにはない。屋根はイストリアから運ばれてきた巨大な一枚岩で、目方は三百トンもあるといい、建物の設計はコンスタンティヌス大帝の墓を真似たらしい。

テオデリック大王のことはイタリアではやがて忘れさられたが、前述のごとくディートリッヒ・フォン・ベルンの名前で中世ドイツ英雄伝説での人気は圧倒的である。その人気はドイツにとどまらない。十三世紀のノルウェーで書かれた『シードレクのサガ』という大部の作品はかなり荒唐無稽ながら、飽きずにテオデリックの冒険を語って、かれに潜水艦のようなものまで発明させている。この種の英雄伝説は実質的に民衆文学だから、政治的深慮などより腕っぷしの強さを問題にするものだ。

しかし、十三世紀ドイツの有名な叙事詩『ニーベルンゲンの歌』の終幕で、テオデリック（ディートリッヒ）が調停者として登場し、復讐の夜叉と化した女主人公をなだめる。だが、いくら努力しても無駄と知るや、やむなく剣をぬいて彼女を刺し、ことを解決する。これは豪傑のすることではなく、政治家の仕事といえる。このあたりがテオデリックの姿を比較的正確につたえている伝説のかたちなのではないだろうか。

だが、このごろでは、はたして伝説の主人公は東ゴートのテオデリックなのだろうかと疑問視する向きもあるようで、たとえば、民族移動時代にライン中流のボン周辺を支配していた王ディドリックではなかったのか、などとの研究が発表されている。ベルンとはヴェローナのことではなくてボンの古名ではないかと推測してもいる。話がこうなってくるとよくわからないのだが、そもそも伝説とは、方々からさまざまなものが流れあつまって形成されるものであるから、複数の人物がモデルになっていても、べつにふしぎではない。

ともあれ、もしかれが民族移動の初期、バルト海地方で生をうけていたら、歴史に残る活動はできなかったろう。そのころの民族移動は軍事・政治的真空空間に自動的に流れこむようなもので、かれの手腕を振るう余地はなかったはずだ。一方、イタリアに進駐したとき、指導者がかれでなかったら、東ゴート族はおそらくオドアケルに対し軍事的勝利を得られなかったと思う。軍事的勝利のあと三十年近くも平穏な社会を維持しえたのは、やはりなみの人物にできることではあるまい。

四　ユスティニアヌス一世とその世界

ユスティニアヌス一世

ここで舞台を東ローマ帝国……別称ビザンチン帝国に移そうと思う。東ゴート族がこの大勢力と昔から密接にかかわってきたことは、これまでの記述で明白なのだが、それはこの先ますます運命的なものになっていく。特別な章をもうけなければなるまい。

五一八年、アナスタシウス帝は二十七年の治世のあと没した。かれが皇帝になったのは、前帝ゼノンの寡婦アリアドネの推挙によるものだったが、アナスタシウスの後継者選出の場合にはそういうことはなく、実質的に元老院と首都駐在の軍幹部が次の皇帝をえらぶことになった。軍幹部は当然ながら部下たちの忠誠に左右されることになる。ことは円滑には運ばず、かなりの血が流れもしたが、結局元老院は、当時最強の皇帝親衛隊を指揮していたユスティヌスに白羽の矢をたてた。

このユスティヌスはマケドニアの山地、いまのスコピエの近くで農夫の家に生まれたらしい。皇帝レオ（在位四五七—四七四年）の時代に野心を抱いてコンスタンティノポリスに出てきて、宮廷親衛隊に採用され、ついにその長に登りつめたわけである。いくら野心を抱いて上京してきたといっても、まさか皇帝になれるとは思ってもいなかったろう。親衛隊長に教養のたぐいは必要でなく、事実、そういうものの持ちあわせはなかった。帝位についたときは六十歳をとうに越していたから、いまさら勉強する気にもなれない。だが、心配することはなかった。

ずばぬけて有能な甥がいて、叔父のために皇帝業務を代行してくれたのである。甥の名はユスティニアヌス（ユスティヌスと似ているので、うっかりするととり違える）といい、やはりスコピエの近くから叔父を頼ってきたのだった。ユスティニアヌスは幼時より勉学にはげみ、なかなかの教養人であった。

叔父が皇帝になってから、甥の出世ぶりには目をみはらせるものがあった。たちまちパトリキウスという最高の貴族称号を受け、五二一年には執政官となり、首都の軍隊の指揮をまかせられた。ついで副帝として帝位継承権を得、テオドラと結婚した直後には共同統治者に任命されている。そして、五二七年八月一日、ユスティヌスが死ぬと、ユスティニアヌスとテオドラは自動的に東ローマの主人となったのである。

ユスティヌスは熱心なカトリック教徒で、その点は甥もその妻もおなじだった。

テオドラ

興味ぶかいのはそのテオドラである。ユスティニアヌスより五つ年下の四九七年生まれ。その生まれと育ちについてはくわしいことがわかっているのだが、それを書いたのが彼女にはげしい恨みをいだいていた歴史家なので、いくらか割り引いて読まなければなるまい。

大都会コンスタンティノポリスにアカイオスという男がいた。サーカス団〝緑党〟に所属し、クマの調教師だった（緑党についてはあとで触れる）。アカイオスはアナスタシウス帝の治世に死んだが、三人の娘を残した。コミト、テオドラ、アナスタシアという。長女はまだ七歳にもなっていなかった。三人の母親は再婚し、その新しい亭主と力をあわせて家をもりたて、故人の仕事をつづけることになったのだが、緑党の興行師はほかの男から賄賂をもらい、そっちに仕事をまわし、ふたりを追い出してしまった。当時もいまも興行師にこういうことはめずらしくない。だが、さいわい、母親は機会をえらんで懇願の術をつくし、緑党には駄目だったが、対立する青党に職をもらった。たまたま青党で調教師が死んだのがさいわいだった。娘たちが成長すると、母はすぐ舞台にたたせた。みんな美女だった。長女のコミトはじきその道で名をなした。次女のテオドラは袖付きの短いシャツという女中の恰好をして姉の世話をつとめた。姉が舞台で使う台をかついでついていったりした。そうしながら、不良青年たちといちゃつきはじめたという。相手は主人のお供をして劇場にやってきた奴隷などであった。おとなになるとやはり舞台にあがったが、同時に娼婦にもなった。芸人としては落第。笛もふけず、琴もひけず、踊りも駄目。ひたすら体で勝負というところだった。後になってはもの真似を得意とし、人々を笑わせたという。おまけに機転が利き、皮肉がうまく、やがてこの面ではだれにもひけをとらなくなった。およそ恥というものを知らず、なにをいわれても恐縮することがない。打たれ、ののしられても、それを冗談の種にして、みずから笑いころげる始末。衣服を脱ぎ、全裸の姿を前向きで、また後ろ向きで衆目にさらすことなど平気だった。

若い男どもの鼻面をとってひきまわすことにかけては天賦の才能があった。十人以上の若者を一夜でへとへとにさせたこともある。一夜の最高記録は三十人だったそうだ。とにかく肉欲三昧の生活で、いくども妊娠したが、そのたびにおろした。舞台での演技もそこから容易に想像のつくものだった。

まともな男たちは道でテオドラを見かけると、わざわざ遠まわりして避けた。朝、彼女を目にするとその日一日ろくなことがないともされた。

コンスタンティノポリスでのテオドラの舞台生活にけりがついたのは、ティロス出身のヘケボロスという男の意向によるものだった。ヘケボロスはいまのリビアの総督に任命され、そこにお気に入りの彼女を囲って連れていったのである。

だが総督との情事は長つづきせず、テオドラはアレクサンドリア、アンティオキアはじめ東方の町々で春をひさぎ、舞台をつとめていた。シリアの首都アンティオキアではマケドニアという女性の世話になっている。マケドニアは青党のソロ・ダンサーなのだが、どうやらコンスタンティノポリス政府のスパイでもあったらしい。色仕掛けで要人からいろんな情報を聞きだし、政府に通告するものである。彼女の力ぞえでテオドラはつつがなくコンスタンティノポリスにもどれただけでなく、出世の糸口をもつかんだようだ。

いまをときめくビザンチン帝国の皇后に対しての、それも特別に歴史に残ることになる皇后に対しての、すさまじい悪罵である。もっともっとすごい叙述もあるのだ。実はこれを記した歴史家とはカエサリアのプロコピオス。対ヴァンダル戦争、対ゴート戦争に従軍して、その記録をのこした人で、この時代の歴史をしらべる者にとっては大恩人である。その昔のポエニ戦役でのポリュビオス（この人が従軍したのは第三次戦役）に匹敵する存在なのだ。正史を記すにあたっては、すこぶる客観的で敵についても公正な判断を下しているのに、テオドラとその夫ユスティニアヌスをまとめてののしるすさまじさは、とても同一人物の筆とは思えない。

プロコピオスはテオドラよりも十歳年下だが、五四八年に五十歳をこえたばかりのテオドラが死んだ数年後、アネクドータ（挿話集）をひそかに書きはじめ、この悪罵はそこに載っている。発表は当然プロコピオスの死後に行われた。プロコピオスは東ローマ派遣軍総司令官ベリサリウスの秘書の資格で従軍していたのだから、当然ユスティニアヌスとテオドラの臣下ということになる。そのかれがなぜこれほどまでの憎しみを皇后に抱いていたのか、現代の歴史家たちはいろいろと想像している。だが、ここはそれを問題にする場所ではない。プロコピオス個人にかかわるなにかがあって、徹底的にうらみ、嫌いになったのだろうな、と、思うぐらいだ。

とにかくテオドラは五二〇年ごろ、コンスタンティノポリスに舞いもどってきた。以後、舞台に立っていない。何をして暮らしていたかわからない。さまざまな無責任な噂が昔からとんでいるが、ユスティニアヌスとテオドラがどこでどうやって出会ったか、要するに正確なところはわかっていないのである。

彼女がシリアからもどったあと、すでに軍幹部であったユスティニアヌスとの接触があったということだけだ。その前、ヘケボロスのところで見かけて、忘れることができなかったという可能性だってある。それを知っていて、ソロ・ダンサーでおそらくは女スパイのマケドニアが情報をそっと流したことだって考えられる。

それはどうでもいいことだが、ふたりは出会い、ユスティニアヌスはまさに運命的な恋におちた。これほど悪評の高い女である。はじめはそろって公衆の前に出ることなど思いもよらなかった。まさにとんでもない話だった。史上稀れな大恋愛事件といってしまえばゴシップとなるだけだが、ここにユスティニアヌスの強情さを見れば、そのあとのかれの政策もうなずけるというものだ。

しかし、ことはそう簡単に運ぶはずがない。元老院議員以上の身分の男は女優を妻にはできないという法律がむかしからあった。かつて女優であった者もその対象となる。女優すなわち娼婦という認識が根強かったのだろう。叔父ユスティヌスはかわいい甥のためならなんでもしてやりたかった。皇帝の権限でそういう法律を廃止することもできたのだが、むろん皇后エウフェミアが大反対だった。エウフェミアは低い家柄の、それもおそらく非ローマ人の血筋の出身である。ユスティヌスが奴隷市で買ってきたとの噂すらあった。彼女は政治面で夫のやることに口出しをしたことはなかったが、男と女の問題ではすこぶる口やかましかった。だが、ユスティニアヌスにとりさいわいなことに、皇后は五二一年ごろに没した。

さっそく皇帝はお触れを出した。女性であるがために卑賤の職をえらぶほかなかった者に、その境遇より這いあがり、上流社会に入る機会を与えるのは、皇帝の仁慈にふさわしい……という内容であった。

天下晴れてユスティニアヌスはテオドラを妻とした。五二四年である。その三年後、ユスティヌスが死に、ユスティニアヌスが皇帝となった。テオドラも当然共同統治者になった。アウグスタの称号を受ける。新任の官吏はユスティニアヌスとならんでテオドラにも忠誠の誓いをたてるわけである。

テオドラはエウフェミアとは正反対だった。はじめから大っぴらに政治に口を出した。言い方を変えれば、夫を補佐した。もっとはっきりいえば、かなりの程度にまで政治を左右した。東方のペルシア王とも、西のゴート王とも文書をかわし、東シリアからなにかの請願にやってきたアラブの族長などはまず彼女のところにうかがいをたてた。属州長官に出した命令などには夫の知らないものもあったことだろう。思いもかけず手にはいった強大な権力をまったく使用せずにいるというのは、テオドラのような女性の場合、至難の業である。だが、テオドラは愚かな女ではなかった。たとえば、いまだ評価の定まらぬ毛沢東の江青夫人とはちがっていた。

ニカの騒動

直接に関係のないことだが、しばらく寄り道をする。

ユスティニアヌスが即位して五年後、五三二年の一月、コンスタンティノポリスでいわゆるニカの騒動が勃発し、かれの経歴もあやうくそこでお終いになるところだった。

まことにおかしな話だが、人民は競馬場（ヒッポドロム）にいるときがいちばん強かった。コンスタンティノポリスの競馬場は最低五万人を収容でき、そこでの主たる催し物はむろん競馬である。ひとり乗りの戦車を駆る形式だったろう。その競技の合間にパントマイムあり、詩の朗読あり、漫才めいたやりとりありで、テオドラももともとはそういう舞台に登場する女優だった。その贔屓衆にいろいろグループがあって、それぞれシンボルとなる色で呼ばれていたのだが、ユスティニアヌスの時代にはそれがふたつに統一されていた。青党と緑党に。正確にいうと、この対立は厩舎とそれに付属する一切のものに資金を出す者同士の対立といっていい。騎手だけでなく、俳優もそれに付属するものにはいる。

市民たちの競馬に対する熱狂ぶりにはわれわれの想像を絶するものがあった。皇帝ユスティニアヌスはかの有名なハギア・ソフィア寺院建立にあたり、まず地所を民間から買い上げなくてはならなかったが、地主のひとりが頑として買い上げに応じなかった。手を焼いた役人はその地主を、大競馬の開催の直前をえらんで別件逮捕した。地主が競馬狂なことを知っていたのだ。あわてふためいた地主は一も二もなく買い上げを承知し、ヒッポドロムの皇帝の桟敷の前で売買契約がかわされたという。ことほどさように、競馬は人々の関心事だったのである。

青党にも緑党にも熱烈なファンがいた。みんなすぐ興奮の極に走った。行事はいく日もつづき、人々はそのあいだに皇帝や高官をそばから仰ぎ見る機会をもった。競技や演技のあいまには政談がさかんで、政府に対する不満がひょんなことから爆発するのもめずらしくなかった。その最大のものがニカの騒動だったのである。ニカ（古典ギリシア語ではニケー）とは反乱する民衆の歓声で、勝利を意味する。

そのときも両党のファンのあいだでたちの悪い騒動が生じ、都督エウダイモンは煽動者七名に死刑を宣告するほかなかった。だが、両党から一名ずつが死を免れた。絞首台が壊されたからである。ふたりは僧侶により、教会堂にかくまわれた。そこに逃げこめば官憲も手をつけられないという庇護権をもつ教会であった。しかし、エウダイモンはなんとしても再逮捕しようと、教会を囲ませた。

そのとき、意外な事態が出来《しゅったい》した。ふだんは犬猿の仲のはずの青党と緑党が手を組んだのである。民衆はいく日もヒッポドロムにたてこもり、皇帝にふたりの恩赦を求めたが、返答はなかった。そのあげく民衆は市街に繰り出し、口々に「ニカ！」と叫びながら、都督の庁舎をかこんで、同じ要求を繰り返した。しかし、エウダイモンはそれを無視した。民衆は庁舎に火を放ち、反乱は全市街におよんだ。工事中のハギア・ソフィア寺院も焼けおち、破壊の範囲はひろがる一方だった。

だが、その先数日の競馬の予定に変更はなかった。当局はそれによって反徒の気をそらせられると思ったのかもしれないが、そうはならなかった。民衆は革命のほうがおもしろくなったのである。要求はエスカレートし、容疑者の釈放だけでなく、都督はじめ政府要人たちの辞職を叫ぶにいたった。そのリストにはユスティニアヌスの寵臣たちも含まれていた。事態の重大さにおびえたユスティニアヌスは、求められるままかれらの職を解いたが、一方では待命中の将軍ベリサリウスに命じ、その私兵をもって反乱の鎮圧にむかわせた。しかし、大勢の死者が出たにもかかわらず、反乱はやまなかった。首都防衛部隊も宮廷親衛隊もはっきりと皇帝の味方についたわけでなく、静観を決めこんでいたのがことをさらに複雑にしていた。

ここでユスティニアヌスは大芝居を打つことにきめた。翌日、帝位を示す冠など一切つけずにヒッポドロムに赴いたのである。そこで民衆にむかい、暴動はやめよと呼びかけた。反応はすぐにあり、人々はかれに冠をつけるように叫びかけた。こういうときの大衆の動きほど当てにならないものもあるまい。ユスティニアヌスは持ってきた福音書に手をおき、すべてを許す、だれも逮捕させない、非は自分にあった、と述べた。効果は覿面だった。「アウグストゥス・ユスティニアヌス万歳！」の声が方々であがり、皇帝はいっとき勝ったと思った。だが、揺りかえしはすぐに来た。さらに大勢が、「偽証したな、ロバめが！」と、どなったのである。それでおさまらず、かれらはことあろうに二代前の皇帝アナスタシウスの甥ヒュパティオスをその場で新皇帝にえらんだのであった。むろん、本人の意向を確かめる労などとらない。

愕然としたユスティニアヌスは腹心たちとテオドラともども宮廷にもどり、今後のことを相談した。ユスティニアヌスは逃げだすつもりでいた。宮殿には専用の埠頭があり、いつも船が待機している。

だが、テオドラは真っ向から反対した。

「殿方のあいだで女子が発言してよろしいものか、殿方たちが途方に暮れているときには勇気ある女の役を果たすべきかどうか、いまそれを論じても詮ないこと。危機にさらされている者にとり、唯一の道は、最良の方法で危機の克服に努めること。わたくしの思うところ、いまこの時点での逃亡は、たとえそれで一旦安全圏に出られたとしても、時宜を得たものとはいえませぬ。ひとたびこの世に生を受けた以上、所詮、死は避けられぬものとはいえ、皇帝だった者が流謫の余生を送るなど耐えられることではありますまい。わたくしとしては、この紫衣を脱ぎすてる気はさらさらございません。ごめんでございます、『ドミナ』と挨拶されなくなる日を見るのは。皇帝よ、お逃げになりたいのなら、どうぞ！難しいことではございませぬ。お金は充分あり、この下は海。船もおります。でも、よくお考えになってくださいませ。安全な場所に逃げても、いつかはそういう安全より死を願うことにならないでしょうか。わたくし？　昔からいうではございませんか、紫衣より美しい死装束はない、と」。

みごとな見識。あっぱれな度胸。おそるべき毒舌家のプロコピオスもこれについてはけちをつけていない。列席したベリサリウスの口から彼はこのことをじかに聞いているはずである。これを語り、演じるのは、かつて全市をわかせた名優だ。ユスティニアヌスたちに抵抗のできるわけがない。ことは決まった。

ふたたびベリサリウスの出番がまわってきた。かれだけでなく、バルカン方面軍を率いるムンド将軍がたまたまコンスタンティノポリスにいた。これはアッティラの孫で、一時期バルカンに盗賊国家を造り、以後ローマの配下に入ったあの人物である。ベリサリウスは歩兵、ムンドは騎兵を率い、いっきにヒッポドロムとそこの民衆を制圧してしまった。いうなれば勝負は気合で決まったのである。そこにはまだヒュパティオスが小規模反乱勢力とともにぐずぐずしていた。ユスティニアヌスを見限った元老院の有力者もかなりの数がヒュパティオスについていたが、正規軍の突撃に対しては打つ手がなかった。ヒュパティオスは逮捕され、民衆の死者は三万人におよんだといわれる。

僭帝は処刑され、死体は海に捨てられた。まさにとんだとばっちりで、身から出た錆というには気の毒すぎると思うが、ひょっとすると……との思いが本人にもあったかもしれない。問題の元老院議員の財産は没収された。

テオドラの重みがいっきに増したことはいうまでもない。その人気は夫ユスティニアヌスをしのぐようになった。ユスティニアヌスはヒュパティオスの命を助けようと思ったが、テオドラが強く主張して処刑させたという。反乱鎮圧後はやくも皇后のほうが事態を的確に把握していたことを示すものである。

このテオドラが、ユスティニアヌスの、ひいてはビザンチウム東ローマ帝国の政策に大きく関与することになるのは、理の当然といえよう。いまは地方の中都市にすぎないラヴェンナの中心部に、サン・ヴィターレの教会堂がある。教会建築の傑作といわれるものだが、規模もほどほどで独特の風格をそなえ、イタリア各地の寺院を歴訪して食傷気味の旅人でも、率直に感嘆するはずだ。テオドラの死の翌年五四九年、大司教マクシミニアヌスによって聖別されたもので、その内陣壁をテオドラとユスティニアヌスのこれもまた見事なモザイク像が飾っている。それぞれ供を連れているが、なぜか夫妻いっしょではなく、別々に描かれている。教会芸術のそういう風習だったのかもしれないが、テオドラとユスティニアヌスの場合、いかにも象徴的ともいえよう。

対ヴァンダル戦争

東ゴート族はユスティニアヌスの前任者たちの承認を受けて合法的にイタリアを領土とした。だが、アフリカのヴァンダル族はそうではなかった。はるばるとスペインからジブラルタル海峡を渡ってきて、ローマの属州であったものを強奪したにひとしい。その王ゲイゼリック王は四四二年に西ローマ皇帝の承認を受けたものの、ローマ人の地主をことごとく追放し、四五五年には永遠の都ローマを二週間にわたって略奪した。その海賊遠征はギリシアをも目標圏内におさめていた。東ローマの皇帝レオは討伐に艦隊を派遣したが、逆に惨敗を喫し、ゼノンは四七四年にヴァンダル王国を対等の独立国家として認めざるをえなくなった。

　ゲイゼリックの後継者トラスムンドが東ゴート族のテオデリックの妹アマラフリーダを妻に迎えたことは、さきに述べたとおり。彼女の持参金は強力な東ゴート部隊とシチリアの南西端の要衝リリュバエムだった。いまのマルサラである。

　次のヒルデリック王は国内でカトリック教徒の迫害をやめさせ（ヴァンダル人はアリウス教徒）、東ローマとの関係は改善されたが、国政に問題があった。土着のベルベル人の反乱に手をやき、ビザンチウムへの接近に反対した先王の寡婦アマラフリーダを監禁し、東ゴート部隊を殲滅したのである。

　その隙に血筋のゲリメルが王位を乗っ取った。ユスティニアヌスは親ローマ派のヒルデリックをコンスタンティノポリスに亡命させようと図ったが、ゲリメルの拒否にあう。これは開戦の理由として充分だった。

　ニカの騒動の翌年のことであった。ユスティニアヌスがいにしえの大ローマ帝国の復活を計画していたことはわかっているし、いまがチャンスだと見たこともうなずけるが、戦いを急ぎすぎた観は否めない。おそらく、ニカの騒動で失墜したおのれの威信を回復し、市民の目を外敵に向けるのが目的だったのだろう。テオドラの進言もあったにちがいない。

遠征軍総司令官はベリサリウス。ユスティニアヌスと故郷を同じくして前々からかわいがられていたうえに、ニカの騒動での働きを高くかわれたものと思える。軍事面のみならず、敵地占領後の行政についても全権を与えられていた。

アフリカ上陸後、抵抗らしい抵抗にはあわなかった。かつての勇猛なゲルマン戦士の子孫たちは、アフリカで贅沢三昧に過ごした一世紀のあいだに、すっかり惰弱になってしまったらしい。王ゲリメルは首都カルタゴを脱出し、しばらくは抵抗の姿勢をとったものの、飢えのために降伏した。飢えをしずめる一片のパン、涙をぬぐう海綿、民族の悲劇を歌う竪琴を所望する芝居気はあった。わずか半年のあっけない戦争だった。

ベリサリウスの大成功はやんやの喝采を浴びた。しかし、かれを妬む勢力があった。部下の将校の一部が、ベリサリウスはアフリカ王になろうと企んでいると告発した。カルタゴ陥落の直後、ゲリメルの王座にくつろぎ、その奴隷たちにかしづかれて王侯の気分にひたり、ヴァンダルの国庫の宝物の大部分を私物化し、祖国には一部しかわたさなかった、というのである。ベリサリウスはむろんそのことを知ったが、ユスティニアヌスは直接それには触れず、ベリサリウスに対し、カルタゴに残るか、ゲリメル同伴でコンスタンティノポリスに帰還するかの選択をまかせた。賢明なベリサリウスは後者をえらび、コンスタンティノポリスでは異例の大規模な凱旋式をする許可をもらった。

余談だが、史家プロコピウスはベリサリウスの妻で、やはり女優あがりのアントニアをもテオドラと同じ輿に乗せている。正史では公私両面で夫を補佐する健気で有能な妻と描きながらも、例の『挿話集』ではアントニアを卑しい素性の姦婦の代表ときめつけている。六世紀ビザンチウム上流社会の風俗としてはおもしろいのだけれど、ここでは特別にとりあげない。それにしてもプロコピウスは女優商売になにかよほど含むところでもあったのだろうか。

五　破滅への道（その一）

アマラスウィンタとテオダハド

時は熟しかけ、当面の主役たちもほぼ出そろった。

世継ぎの話に戻るが、東ゴート族アマル王朝の後継者はテオデリックが勝手に決めた。本来なら甥のテオダハドがあとを継ぐはずだったのに、テオデリックは頑としてそれに反対した。テオダハドはテオデリックの妹でヴァンダルに嫁いだアマラフリーダがその前の無名の夫とのあいだにもうけた子供である。テオデリックはこの甥がよほど嫌いだったらしい。そのテオダハドが領地のトスカナで非道に走ったのは、叔父への復讐のつもりもあったろう。フランク人たちはかれのことを〝トスカナの王〟と呼んでもいた。こんなこともあり、ますますテオデリックの怒りをかったようだ。アマラスウィンタも、テオダハドに対する父の評価をそのまま受けついだはずである。

実際、のちに世の中がきなくさくなってから、テオダハドは自分の領土を皇帝に譲渡し、その代償としてコンスタンティノポリスで金千二百ポンドの年金をもらい、安楽な生活を保証してくれるよう求めたこともある。この年金は妥当な金額だが、とにかく東ゴート王国に対する公然たる裏切りだ。テオダハドはいつかアマラスウィンタに反対する勢力の領袖となっていた。この党にはゴート人もローマ人もいた。

テオデリックは後継者問題を重臣たちと図ったけれど、東ローマ皇帝にその承認を求めることはせず、自分がその昔、父ティウディメルによってゴート人たちに跡継ぎとして紹介されたのと同じかたちで孫を国民にひきあわせた。とはいっても、孫のアタラリックは当時まだ十歳。とりあえずテオデリックの娘でアタラリックの母アマラスウィンタが息子の摂政として政務にあたった。

彼女はまずローマ元老院との和に努力し、それとならんでローマ人、ゴート人に対し、新王への忠誠を誓わせた。アタラリックの名で、ユスティニアヌスの先輩のゼノンとアナスタシウスがテオデリックとのあいだに定めた友好協定の再確認を求め、さきに処刑されたシュンマクスとボエティウスの遺族にいったん没収した財産を返還し、融和の態度を示した。

しかし、テオデリックの死で、西ゴートとの連携はあぶなくなった。五二六年から五三一年にかけて西ゴートの王はテオデリックの外孫のアマラリックだったが、アマラリックはフランク王の娘をめとり、東ゴートからの独立を図ったものの、それがかえって裏目に出てフランク軍にナルボンヌで敗退し、逃走中に殺された。その結果、東ゴート王国は西ゴートからあずかった宝物を返還し、スペインからの税収入をあきらめることになった。国境はローヌ川に変わり、ゴート領ガリアの共同防衛も沙汰やみとなり、その分だけラヴェンナの負担がふえた。そこに駐在していたゴート軍人とその家族には、東か西かどちらかの国に所属すべしというお触れが出て、東ゴート軍は相対的に弱体化した。しかし、反面、有利なこともあった。西ゴートの陣営に入った東ゴートの軍人はかなり多く、その援護で、東ゴート族のテウディス（もとテオデリックの小姓だった）がのちにアマラリックの跡をついで西ゴートの王となったわけである。

テオデリックの死後、しばらくは平穏だった。これは軍がしっかりしていたためである。五三〇年にイタリアではなく、もとのゴート領パンノニアをゲピード族が襲ったが、のちの東ゴート王となるウィティギス将軍のため大敗を喫した。その勢いをかってウィティギスのゴート軍は東ローマ領に侵攻したのだけれど、これはやめておいたほうがよかった。五年後、ユスティニアヌスはそのことを持ちだしてラヴェンナに圧力をかけたからである。だが、このときのユスティニアヌスはまだ対ペルシア戦争に忙殺されていた。

アマラスウィンタのほうはブルグントとの関係改善につとめ、デュランスの北を割譲もしたが、相手がフランクとなると、ことはなかなかうまく運ばなかった。

アタラリックは軍によって選出された王ではない。昔からの習慣はここでは無視された。

その代わり、サバ河畔とガリアで名将として鳴らし、かねてよりテオデリックの忠臣として名高く、アマル家の女性を妻としているトゥリンがパトリキウス・プラエセンタリスと呼ばれる最高司令官の地位についた。任命したのはアマラスウィンタだが、これは人々に警戒心を起こさせた。パトリキウスは西ローマの感覚でいうと副帝に似たようなものであり、ゴートの王権とは合わないし、これによってトゥリンは自動的にローマ元老院の議員にもなってしまうからだ。

しかし、なにはともあれ、アマラスウィンタは父の遺志を忠実に果たしていた。父が毛嫌いした従兄第のテオダハドとも折り合いをつけようと努力している。テオダハドの母の財産はその死とともに国家のものとなっていたのだが、アマラスウィンタはその一部をテオダハドに返し、かれが今後も王国に忠実なら、残りも返還すると約束した。トスカナのローマ人にもゴート人にも人気のなかったテオダハドではあったが、その両者のまじった反皇帝派とつながりがあったことは確実と思える。トゥリンもどうやらその一味だったらしい。

かれらは五三二年から五三三年を好機到来と見て活動を開始した。それにはまずアタラリックを抱きこむことが先決である。それまでは名のみだった新王は十六歳になり、元服も近い。きっかけとなったのは、若い王が受けている非ゴート的教育だった。ギリシア・ローマの教養が深い母アマラスウィンタがそう指図して実施させていたのだが、これがテオデリック大王の決めた基本原則に合わないとして猛烈な攻撃の対象になった。アマラスウィンタは譲歩した。このことが国を割ることになるのを恐れたのかもしれないし、いまの息子の教育方法に絶対の自信がなかったのかもしれない。だが、この譲歩がかえって逆効果を生み、情勢は剣悪になってきた。おびえたアマラスウィンタは東の皇帝に対し、政治亡命の許可を求め、快速船に国の宝物を積んでアルバニアのデュラス（当時のディラッツォ）に向かわせた。皇帝ユスティニアヌスはそこに彼女のための宮殿を用意させ、保護者としての立場を明らかにした。五十キログラムの金塊四百個を積んだ船は無事、定められた港にはいった。この額は西ローマの国家予算二年分にあたった。

だが、ここで居直ったアマラスウィンタはすぐには敗北を認めて亡命することなく、ラヴェンナに残ってなお抵抗を試みた。たまたまフランク軍が東ゴート領だったアルルを一時占領したので、アマラスウィンタは反対勢力の中心であるゴート貴族の将軍三名をアルルに派遣し、辺境で刺客に襲わせたのである。思いきった強硬処置だった。トゥリンもそのとき殺されたひとりである。

このやり方には思いがけない効果があった。アマラスウィンタを非難するより、その果敢な反撃ぶりに感嘆するほうが先だった。相手は対抗策をとることもできず、アマラスウィンタは金塊を積んだ船をデュラスから呼びもどすことができた。

危機はいちおう去り、アマラスウィンタは重要ポストの首のすげかえを実行した。トゥリンの代わりのパトリキウス・プラエセンタリス（最高司令官）にはガリア総督リベリウスがなって、南フランスのゴート軍の指揮をとる。リベリウスはローマ人で、これによりテオデリックが定めた原則は変更されたことになる。反アマラスウィンタ派のキュプリアヌスはイタリア総督を罷免され、かわりに親ゴート派のカシオドルスがその地位についた。

抜け目のないアマラスウィンタは目下放蕩の限りをつくしつつある息子の早死にを予想し、本来なら反対しそうな軍人たちを説き、自分を古いゲルマンの伝統に則った女王と認めさせるように工作した。これは東ローマの承認を得られるものではないが、アタラリックの死後、ゴート王国を統治できる権限はもてる。

五三四年十月二日、母親の予測どおり、テオデリック大王の三人いた最後の孫であるアタラリックが病死した。母への反感から、また、ゴート貴族たちにそそのかされて、よくいえばゴート流古武士的生活にひたったためといわれる。要するに酒に溺れ、女に精をつかいはたした結果だった。ふつうだと暗殺の噂が飛ぶのだが、ここではそういうことはなかった。だれの目にも明らかなことだったのだろう。はかなくも短い生涯ではあった。

アマラスウィンタは息子が死んだときのため、あらかじめユスティニアヌスと同盟更新の交渉をなし、その承認をとりつけている。ユスティニアヌスは彼女が王位につくことを認めるともいってきた。それを受けてアマラスウィンタは、国内の敵を始末してから一年たつかたたないうちに、大方の意表をつき、敵対している従兄弟のテオダハドを協同統治者とし、みずからはレジーナとなった。女王のことである。テオダハドはアマラスウィンタの下位につくことを誓った。いうなれば国王心得という資格であろう。

アマル家の一員であるがゆえに、王号を帯び、貨幣にその肖像を刻印させることもできたが、実権をアマラスウィンタにとられたままのテオダハドはこれまでよりもさらに恨みをつのらせた。いったいアマラスウィンタは、こういうかたちでテオダハドをなだめられると本気で思っていたのだろうか？　そうだとすると甘いといわれても仕方ない。

テオダハドは憎いアマラスウィンタの支持を受け、東ローマに自分の王位を正式に認めてもらおうと試みた。コンスタンティノポリスへの手紙ではふたりがいかに和気あいあいと政務にはげんでいるかが書かれている。しかし、事実はそれどころでなく、就任した五三四年の末、はやくもテオダハドはアマラスウィンタに対してクーデターを起こした。アマラスウィンタは明らかに油断していたらしい。クーデターはあっけなく成功し、アマラスウィンタは逮捕されてラヴェンナを追われ、ローマの北ボルセーナ湖の小島に幽閉されてしまったのである。彼女らしくないしくじりだった。

前述したように、その前年、東ローマ軍はカルタゴを首都とするヴァンダル王国に対し兵を動員した。真意はローマの失地回復である。そのときのアマラスウィンタは、貴族たちとの抗争もあり、ヴァンダル王家に嫁した叔母アマラフリーダを殺された恨みもあって、中立を守った。東ローマへの善意の証明でもあった。そのため東ローマ将軍ベリサリウスはシチリアを重要な補給基地として使用できたが、当然のことながらシラクーザと南イタリアに駐屯するゴート軍の司令官はそれに不満であった。シチリアの南西端のマルサラ（当時はリリュバエウム）は、アマラフリーダの持参金としてヴァンダル領となっていたけれども、シラクーザ駐屯ゴート軍はそこを強引に占領してしまい、ナポリのゴート司令官は東ローマ軍の脱走兵をかくまってベリサリウスからの引渡し要求をはねつけた。これは五三三年から五三四年にかけてのことで、その翌年の夏、ユスティニアヌスの使節がラヴェンナにあらわれてそのことをなじり、ついでに五三〇年のウィティギス軍の東ローマ領侵害についても厳重に抗議していった。むろん、抗議の相手はテオダハド王である。

以来、ラヴェンナとコンスタンティノポリスのあいだに外交使節の往復が絶えることはなかったが、前のときとはちがい東ローマ当局はアマラスウィンタの解放を公式には求めず、アマラスウィンタはわが保護下にあると声明したにとどめた。さきにヴァンダルの王位を追われたヒルペリヒと同じ扱いである。美人で深い古典教養の持ち主であるゴート女王のことを皇后テオドラが警戒し、コンスタンティノポリスにこさせては夫が心をよせるかもしれないと、ひそかにゴート側の手で始末させるほうを望んだとされるが、そのときアマラスウィンタはすでに四十歳ぐらいのはず。内政干渉的要求でテオダハド政権を無用に刺激すまいというのがユスティニアヌスの真意だったと思う。

その結果、五三五年の四月三十日、アマラスウィンタは暗殺された。テオダハドの黙認があったことは明らかである。犯人は五三二年から五三三年にかけてアマラスウィンタに反抗し、処刑された一味の生き残りで、彼女を心底から恨む理由はあった。

ローマの北、ボルセーナ湖にふたつ島があるが、南のほうの小さなマルタナ島の古い砦で、東ゴートの女王アマラスウィンタは大テオデリックの死後、孤軍奮闘のあげくに短い生涯を終えた。マルタナ島は陸地から二・五キロメートル、いまは無人島。岸は岩の絶壁。オリーブ、月桂樹、トキワガシが繁っている。

筆者はウンブリアの村オルビエトから日帰りでこの湖を訪れたことがある。距離は三十キロほど。いまは有名な観光地なのだが、シーズン前のためだろう、島めぐりの船はほとんど出ていなかった。やっと見つけた水上タクシーのモーターボートで、この小島を一周してもらった。上陸は無理とはじめからわかっていた。かん木林とやぶに妨げられ、とても高所までは行けない。ボートを操縦する青年はさすがに東ゴート女王（いまのイタリア語ではアマラスンタ）のことを知っていて、最高所（湖面から七十メートルくらい）に建ついかにも古そうな半壊の塔状構造物をそれと指さした。女王が幽閉され、殺された場所という。

さっそくカメラを向けたところ、きのうまでなんともなかったカメラは作動しなかった。ボートを止めてもらって電池を交換してもだめだった。よく晴れわたった日だったのに、

アマラスウィンタが殺されたボルセーナ湖、マルターナ島

写真を撮られることを望まないアマラスウィンタの怨念がそこにはあった（と、思うことにした）。上の写真はボートの青年にもらったパンフレットから転載したものである。遠景だが、かすかにそれとわかる。写真左側の断崖は裏の方までつづき、なぜか海ネコに似た鳥が群れをなしていた。右手の平坦部には通いの農夫が作業していたらしく、犬の吠え声がした。

この事件の前に、テオダハドの使節団がアマラスウィンタのパトロンとなっているユスティニアヌスを宥めるために、コンスタンティノポリスめざして出発していた。だが、女王暗殺の報せを途中でうけて、使節団は分裂した。団長のリベリウスはオドアケルの時代からこういう経験を重ね、テオデリックに重んじられたあとアマラスウィンタ個人に忠誠を誓っていた。かれはこれを機会にユスティニアヌスの側に立ち、以後、イタリアの東ゴートとスペインの西ゴートを敵とするようになる。しかし副団長格のオピリオは、テオダハドがアマラスウィンタを除去したのは当然の処置だとして、それに反対だった。かれは早くから反アマラスウィンタ党の幹部であった。

アマラスウィンタの死が明らかとなった五三五年の春、テオダハドとその妻グデリヴァはユスティニアヌスとテオドラにあて、手紙で釈明につとめたが、効果はまったくなかった。東ローマの庇護者である女王の暗殺は東ローマへの挑戦にひとしい。妥協の余地などないとされた。

実は東ローマは開戦の機会を待っていたはずである。これは願ってもないチャンスだった。失地回復の欲望はアフリカの場合より、イタリアに対してのほうが強かった。これは歴史からいってあたり前だ。なにしろローマ人発祥の地なのである。

イタリアの東ゴート政府は外敵を迎えられるような状況ではなかった。女王の横死で騒ぎだしたのは、ゴート人よりローマ人のほうに多かったかもしれない。かねてよりアマラスウィンタはローマ人のあいだに人気があったのだ。内乱を恐れたテオダハドは軍隊をローマ市にさしむけたが、ローマは城門をかたくとざしてそれを入れなかった。やむなくテオダハドは元老院と市民に対し危害を加えないと誓約し、軍を城外に駐屯させるにとどめた。醜態というほかない。テオダハド王の出す命令は支離滅裂で、ゴート軍はむなしく国内治安の維持に動員されるだけだった。とても国防まで手がまわらない。そのうちに、ユスティニアヌスは水陸での侵攻作戦を着々と準備しつつあった。

本書の冒頭、イタリアのどこかの酒亭で、農民ふたりが語りあったのはこのころだった。ことはそのふたりが恐れていた方向に展開していった。

まずユスティニアヌスは、コンスタンティノポリスのニカの騒乱をベリサリウスとともに鎮圧した功績でイリュリア方面軍総司令官に任じられていたムンドを、ダルマチアのゴート軍討伐にさしむけた。ダルマチアはアドリア海をへだててイタリアと向かいあった土地である。そこのゴート守備軍は弱体で、自称アッティラの孫のムンドは、ほとんど抵抗を受けることなく五三五年末までにダルマチア全土を制圧し、首都スプリト（当時はサロナ）を占領した。

第二戦線には海兵作戦の専門家ベリサリウスがあたり、精鋭九千を率いてシチリアに赴いた。イタリア本土を直接攻撃しなかったのは、ユスティニアヌスに完全な自信がなかったからで、カルタゴ駐留軍の増援部隊ぐらいのつもりでいた面もあったらしい。しかし、ベリサリウスの艦隊がカターニアに入港すると、シチリアのイタリア人が構成する民兵部隊はすすんで各都市の門をひらいたので、ゴート軍司令部のおかれたシラクーザも戦わずして降伏した。パレルモは抵抗した。内陸側の警戒はすこぶる厳重なので、ベリサリウスは海から攻めよせ、軍船が積んでいた短艇に射手をのせてマスト高くつりあげ、そこからゴートの守備陣地に矢の雨をそそいだ。五三五年の大晦日、ベリサリウスは気前よく金貨をばらまきながらシラクーザに入城した。

ユスティニアヌスの外交も活発であった。フランク族に対しては、東ゴート族がアリウス教徒であることを強調し、連帯を求めた。事実、そこの王は親戚筋のアマラスウィンタが無残な死をとげたことに腹をたてていたので、テオダハドはそれをなだめるべく五万ソリディの現金を贈っている。

恐慌をきたしたテオダハドはラヴェンナに残留していた皇帝の使節ペトルスを相手に、自分が王位にとどまれる条件を検討しはじめた。シチリアを放棄し、ゴート王としての権威を放棄することは覚悟していた。元老院のメンバーや司教に対する裁判権、反逆者の財産の没収権、首相に相当するパトリキウスと執政官の任命権も捨てた。

自分の銅像を建立するときも、その右に皇帝の銅像を建てることにし、重さ三百ポンドの黄金の冠を献上し、皇帝軍にゴート兵三千を供出することも約束した。

それでも駄目な場合には、自分が退位し、イタリアのゴート王国をユスティニアヌスに引渡す代わりに、金千二百ポンドの年金をもらいコンスタンティノポリスでのんびり暮らすことも考えていた。アマラスウィンタも五三二年から五三三年にかけての危機のとき、ユスティニアヌスに同じ話を持ちかけていたが、今回ユスティニアヌスはテオダハドには冷たかった。そうなった場合には、ビザンチン支配下のイタリアの一部にゴート王の領土をおいてやってもいいが、と、答えただけである。ユスティニアヌスには平和に応じるつもりがなかったわけではないらしい。できれば楽に勝ちたかったろう。まだ対ペルシア問題が片づいていなかったこともあるから。

こういうだらだら交渉で冬が過ぎ、五三六年の春となった。戦争再開の季節である。復活祭のころ、カルタゴで皇帝軍のあいだに反乱の兆しがあり、ベリサリウスがそれを鎮めにシチリアをはなれ、同時にゴート軍が初戦果をあげた。ダルマチアでムンド軍を敗ったのである。ムンドとその息子は死に、部隊はちりぢりとなった。だが、首都スプリトをはじめダルマチア各地にはゴート軍への共感はなかった。この勝利は長つづきする性質のものではなかったのだけれど、軽薄なテオダハドは有頂天となり、態度を豹変させた。

皇帝の使節ペトルスを逮捕し、獄舎に投じたのである（それから四年もペトルスはそこに繋がれていた）。うかれついでに自分の姿を刻印させた貨幣を出してもいる。

しかし、ユスティニアヌスの軍隊はやがてスプリト、ドブロヴニク（当時はエピダウルス）という重要都市を奪回し、ゴート族の植民者と兵士たちは降伏した。またカルタゴの反乱を処理したベリサリウスはイタリア本土へ出撃した。それをレッジョ（当時のレギウム）で迎撃したエブリムドはテオダハドの女婿だったが、かたちだけの抵抗を試みたあとで、さっさと降伏してしまった。かれの妻テオデナンダは父テオダハドを熱愛し、エブリムドはテオダハドからひとかたならぬ信頼を受けている。もともとテオダハドはいざというときはベリサリウスに降伏するつもりでいたことを知っていたから、エブリムドとしては皇帝軍をはやくイタリアに迎え入れ、テオダハドの家族をタカ派のゴート軍部から守ってもらうつもりでそうしたのだった。

だが、このときテオダハドはダルマチアの勝利で気をよくし、戦うつもりになっていたため、エブリムドにベリサリウスの上陸を阻止してもらいたかったはずである。連絡システムに欠陥があったのか、それともエブリムドはみずから東ゴート族の将来に見切りをつけたのか、そこは分からない。

ベリサリウス軍はナポリまで来て、はじめて抵抗らしい抵抗に出会った。住民にユダヤ人が多かったのが理由であろう。守備隊は断固として降伏を拒否し、ベリサリウスは攻囲戦にはいり、三週間後に強襲して陥落させ、大規模な略奪を許した。

ラヴェンナでテオダハド王は東ローマの向こうをはり、自分からもフランクと同盟を結ぶ交渉に入っていたが、いっこうに埒があかない。王は軍事面でも外交面でもまったくの能なしだった。ナポリに援軍を送ることもせず、北イタリアに散在するゴート部隊を糾合して敵にあたらせることもなかった。だが、いつまでもラヴェンナにかくれているわけにいかず、しぶしぶとゴート軍の主力が集まっているローマ郊外に出かけたが、たちまち臆病風にとりつかれ、ただうろたえるだけ。

ゴート軍幹部もさすがにあきれはてた。これまではアマル王家の一員というので、仕方なく最上位に据えていたのだが、テオダハドの行為は王国への裏切りとしかいえないと結論し、五三六年の十一月、ローマ郊外レゲータで大集会をひらき、テオダハドに退位するようきびしく求めた。あわてたテオダハドはラヴェンナに逃げもどろうとしたものの、新王の命令を受けた刺客に追いつかれて落命した。刺客はテオダハドに個人的怨恨をいだく人物だったという。十二月のはじめのことである。

幼少で没したアタラリックは未知数だった。長じていたらことによると名君になったかもしれない。しかし、このテオダハドについてははっきりしている。これ以上暗愚な支配者も考えられない。記録によるかぎり、性格もはなはだよろしくない。保身のためだけの外交活動には熱心だったようだが、軍事才能はまったくのゼロ。国難のはじまりにおいて、東ゴート族もひどい王を持ったものである。運が悪いというほかない。

ウィティギス

アマル王家には人がいなくなった。非アマル系の貴族にもその隙間は埋められない。それに、軍部はこの緊急時にあたり、もはや血筋に頼っていられないことをテオダハドの例で思い知った。

そのため、ウィティギス将軍が古来の儀式どおり楯にのせられ、将軍たちの肩に担がれて新しい王に選出されたのである。ゲルマンの古い慣習法が蘇ったといえる。テオダハドの下では自由民、貴族が政治に関与することはできなかったが、その規制がとりはずされた。

ウィティギスは高貴の出でこそないが、軍人としては名門の一員であった。叔父も甥も司令官をつとめている。大テオデリックの存命中にもいろいろと軍功をあげ、アタラリックの時代には外交官の資格でコンスタンティノポリスを訪問したこともある。五三〇年にパンノニアでゲピード軍を壊滅させたことは有名だった。

当時ウィティギスはローマの南に集結していたゴート軍の総指揮をとっていた。奇妙なことに思えるが、交戦中だったにもかかわらず、東ローマのユスティニアヌスはこの王位交替を承認している。つまり、皇帝としては、ゴート軍により合法的に選ばれた王が自分自身と王国を東ローマに引き渡すようにもっていきたかったのだ。そうすれば四八八年に皇帝ゼノンとテオデリックとのあいだに交わされた協定が無効になったと実証できるわけである。この協定は当事者どちらかの死によって効力を失うというものではなく、むしろ以後ずっとイタリアにおける東ゴート王国の国是となったといえる。それから四年後の五四〇年、ウィティギスがゴート人とイタリア人の王の資格で降伏したとき、この協定は法律論から見て解消という運びになったのだった。

ウィティギスは救世主の役どころではなかった。剛直、個人的勇気、実直さは、所詮戦略、政治能力の代わりにならないことを証明したにすぎなかった。とにかく、最初から失敗をしでかしたのである。ローマ郊外の有利な陣地を拠点としてローマを守るべきなのに、少数兵力だけを市内に残し、新王に対してたてたローマ市民の臣従の誓いをばか正直に信じて、ラヴェンナに撤退したのだった。

そこに北イタリアのゴート軍を集結させ、ついでみずからの王位を固めにかかった。たしかにかれの即位はごく一部のゴート軍人の意向によるものでしかなく、ここで全国民の賛同を得ておかなければ、と考えたことは正しい。しかし、やり方にいかにも無理があった。アマル家との関係を深めようと、本人の意向に逆らってアマラスウィンタの娘マタスウィンタと強引に結婚したのである。これはまずかった。マタスウィンタは十八歳。ウィティギスは三十七歳。それまでの妻をつれなく離縁したことも、かえってマタスウィンタの怒りをあおっていたはずである。

そのうえで、ウィティギスは皇帝との和平を求めた。貨幣に皇帝ユスティニアヌスの像を刻印もさせたが、これは拙い追従《ついしょう》としか見られなかった。

同時にテオダハド時代にはじまったフランクとの交渉を再開し、なんとか交渉は成立したものの、フランク側は明らかに足元を見ていた。ウィティギスは金二千ポンドを払い、フランクにイタリア攻撃を断念してもらった。これはかつてアマラスウィンタがコンスタンティノポリスに移そうとした金額の五パーセントにあたる。さらにフランクにアレマン族その他アルプス東方の保護権を渡し、南ガリア（いまのプロヴァンス）からも撤退した。これで一応後ろからの脅威はなくなり、その分の兵力をイタリアに持ってくることができて、数からするとベリサリウス軍をしのぐことになった。装備も更新し、ダルマチアでは攻勢に転じもした。ここまでは将来に希望をもたせる展開であった。

五三六年十一月末から、ウィティギスはゴート軍をラヴェンナに集め、ついでローマに出撃した。だが、すでにローマはベリサリウスの占領するところとなっていた。教皇シルウェリウスたちが城門をひらいたのである。ゴート軍の守備隊は戦わずして撤退しており（五三六年十二月九日から十日にかけて）、皇帝軍はつづいてナルニ、スポレト、ペルージャも奪っていた。

ウィティギスはローマの奪回に本腰をいれた。

ローマを守るべきベリサリウス軍の兵力はたったの五千。それにローマの民兵が加わる。ベリサリウスはおびえ、皇帝ユスティニアヌスにあて、敵兵力はわがほうの三十倍なりと訴えたが、むろんこれは誇張だ。東ローマ当局もテオダハドの死後、風向きが変わったことは悟った。どうやら楽勝は無理のようらしい。真の意味でゴート戦争がはじまったのはこの時点であった。

ウィティギスは敵の手中にあるスポレトとペルージャを迂回して、予定より早くローマ郊外に到着した。アニオ橋の皇帝軍守備隊を一蹴し、七つの陣営を設けて攻囲に入ったのである。

五三七年二月二十一日にはじまった攻囲戦は一年以上つづいた。ゴート側は当初は甘く見ていたかもしれないが、ローマの城壁は堅固で、ベリサリウスの防衛作戦は巧みだった。それに、もともとゴート軍は攻城が得意ではない。かれらの本領は、広野での騎馬戦闘にある。果敢に突撃して部分的勝利をおさめたこともいくどかあるが、犠牲はあまりに大きかった。日露戦争での旅順の攻囲に似ていた。そのうち皇帝側に援軍が到着し、兵力上の差はなくなったし、包囲陣営内に病気が蔓延したうえ食糧も不足を告げてきた。

むろん守るベリサリウスのほうも楽なはずがない。食糧不足は敵と同じことで、包囲陣の隙間をつき、女、子供、奴隷たちをナポリに脱出させた。食いぶちをへらすための疎開である。攻囲十八日目のゴート軍の総攻撃はもう少しで成功するところで、皇帝軍からの脱走兵は自分の先見の明を誇りかけたほどだった。しかし、ローマ防衛軍は飢えと病気にもかかわらず攻撃を押しもどしたのであった。

ラヴェンナにいるあいだにウィティギスは一支隊をダルマチアに派遣し、スプリト（サロナ）の奪回を図ったが、兵力は充分にあったのに失敗している。ローマ包囲も手づまりになったウィティギスはあせり、和解を求める手紙をユスティニアヌスに送ったものの、返事はなかった。それならばと、ベリサリウスに対し、イタリアを現状のまま分割統治しないかと持ちかけたが、相手がこういう話においそれと応じるはずがない。

やむなくウィティギスは一時休戦を申しこんだ。しかし、これはベリサリウスを益するのみであった。かれはローマ市内にひそかに食糧を運びこみ、機動戦を再開できるようになった時点で、あっけなく休戦協定を破ったのである。こういう点でもゲルマン人は人がよすぎた。五三八年の初冬、ベリサリウス配下の猛将ヨハネスの指揮するローマの騎兵隊はアペニン山脈を踏破して、ラヴェンナの南のゴート直属領を荒らし、ローマ戦線に従軍するゴート兵の家族を捕えて奴隷とし、ついでリミニまで進出した。それのみならずゴート王妃マタスウィンタと裏で連絡をつけたのである。こうなるとウィティギスとしては、ローマの包囲を解き、ラヴェンナに急ぎもどるほかない。

アンコーナの南、オジーモ（当時はアウクシムム）の堅固な山城が皇帝軍の進路を阻んでくれるはずだった。

形勢は逆転した。翌五三九年春、皇帝軍一万一千はオジーモの攻囲にかかり、ゴート要塞は七か月持ちこたえた。その前に、ラヴェンナ当局は人質となっていた元老院議員たちを処刑したため、大の親ゴート派だった宰相カシオドルスの心も冷却していった。同じころ、東ローマ艦隊がジェノヴァに揚陸させた兵はミラノに進み、そこの住民の願いに応じて占領した。さらに、ラヴェンナにつぐゴートの要衝たるパヴィーア（当時はティキヌム）をも脅かした。ゴート軍はフランク王国の派遣したブルグント軍の応援を得て、五三九年三月にミラノを奪回したけれど、ブルグントの兵たちがミラノの女たちを奴隷にして連れさるのを黙って見ていなくてはならなかった。このため、もともと良好とはいえなかったミラノ市民の対ゴート感情がますます悪化することになる。

このあたりの東ローマ軍はウィティギスの甥ウライアスの率いる部隊の働きで駆逐できたが、ウィティギスの叔父はリミニ前面で戦死した。

五三八年にはアレマン人の大盗賊団が北イタリアに進入したり、飢饉だったりして、双方の軍隊ばかりでなく、一般農民の苦しみはひととおりでなかった。

戦闘はポー平原にまでひろがり、ローマ軍にもゴート軍にも大量の出血があった。大規模な戦闘はアンコーナ近くのオジーノ、フィレンツェ近郊フィエソーレ、ミラノであった。ベリサリウスの主力がローマを発したのが五三八年六月二十一日。少し遅れて東ローマのナルセスが兵七千を率い、ラヴェンナの南スケヌム地方フェルモの港に入った。そこでベリサリウス軍と合流。これを機にゴート軍の数のうえでの優勢は二度ともどらなくなった。ナルセスは宦官ながら名将の誉れがたかい。だが、ベリサリウスとナルセスの仲が悪いのもまた有名だった。人としても将軍としてもタイプがまるでちがう。正反対なのである。

ナルセスとヨハネスは主力と分かれてエミリア地方へ侵入し、ベリサリウスはウルビノとオルビエトを奪い、要衝アンコーナ前面には監視部隊を残して冬営に入った。

ミラノをゴート軍が奪回したのは、東ローマのこの二将軍間の不和のたまものである。そのときのゴートの将は最後のゴート王となる運命のテヤであった。このことに気づいたユスティニアヌスは、五三九年春、ナルセスを召還した。本人はすぐ従ったが、かれの親衛隊をなすエルレル族（やはりゲルマン）二千人はすこぶるおもしろくなく、ローマ軍を離脱し、故郷のパンノニアに北イタリア経由でもどろうとした。ところが、その途中で敵であるゴート部隊と出会ってなんとなく意気投合してしまい、以後は戦いを交えないと約束し、奴隷と捕獲した家畜を売却した。しかし、北ヴェネト地方で皇帝の一将軍に追いつかれて、またまたローマ軍に組み入れられ、東部戦線に配属されたというエピソードもある。

だが、主戦場はやはりアドリア海の沿岸地方だった。そこでベリサリウスの一万一千名はゴートの精鋭四千名がこもるオジーモ要塞を焼きはらい、アンコーナのゴート守備隊は果敢な抵抗を示したあげく、名誉協定を結んで皇帝軍に下り、その一部となった。これが唯一の例ではない。ナショナリズムの理解というものにずれがあるように見える。

ローマで自信を喪失したウィティギスはラヴェンナから出撃しなかったが、ただ手を拱《こまね》いていたわけではない。ベリサリウスの軍事的優位を認めたうえで、外交活動を活発化した。まず同じゲルマン仲間、ランゴバルド族のワコ王に使いを送り、援助を求めたけれど、相手は東ローマ皇帝と協定を結んだばかりだからと断ってきた。そのほかウィティギスはリグリアの僧二名を遠くペルシアにまで派遣し、東ローマに対して兵を起こすよう求め、われわれと力を合わせてはさみ撃ちにしようではないかと持ちかけもした。

こういう動きを軽視できなくなったユスティニアヌスは、ウィティギスによりその即位直後、コンスタンティノポリスに派遣されながら、そのまま抑留されていたゴート使節に和平交渉権をもたせて釈放した。だが、それを迎えたベリサリウスはしばらく使節を拘留し、機会を見て、テオダハドに捕らえられたままになっているペトルスたちと交換したにとどめた。

五三九年、テウデベルトに率いられたフランク軍が突如、上イタリアに侵攻し、まずゴート軍に、ついで皇帝軍に襲いかかった。それのみならず、ポー川を渡る折り、ゴートの婦女子を川の神に生贄として捧げることまでしたのである。カトリック教徒となったはずのフランク族のこの所業に人々はおどろき、あきれ、恐れた。さいわい、食糧不足と伝染病のため、この野蛮な軍勢は早々にひきあげていった。一大衝撃をうけたゴート側は以後フランク族とは交渉を絶ち、かれらの餌食となるぐらいならユスティニアヌスに降伏するほうがはるかにましだと考えるにいたったのである。

フランク騒動のあと、ゴート、ローマ両軍はリグリアで対峙したが、そこで時間をつぶしているうち、フィエソーレもオジーモも陥落し、五三九年の末、ベリサリウス軍は首都ラヴェンナに迫った。海上からの封鎖も怠らない。ウィティギスの甥ウライアスは手兵四千を引き連れて救援に駆けつけたが、そのあいだにジェノヴァの北のゴート軍が降伏し、ポー平原に展開する皇帝軍には背後から襲われる怖れがなくなった。おまけにウライアスの兵たちに割りあてられた土地はそのあたりにあり、家族はことごとくローマ軍の捕虜となってしまった。これで狼狽した兵たちは軍をはなれ、そこにもどって降伏した。軍紀の乱れというほかない。ウライアスは残った兵とともにパヴィーアにこもるほかなくなった。五十年前、オドアケル相手に苦戦したときの大テオデリックと同じだった。

遅くとも五四〇年の春、フランクの例のテウデベルトから援助の申し出があった。ベリサリウスを追いはらう代償として、イタリアの半分をいただきたいとの内容であった。ウィティギスがただちにそれを蹴ったのは、フランクに愛想をつかしかけていただけでなく、たまたまベリサリウスが和平交渉をもちかけ、双方にそれを受け入れる可能性が見えていたからでもある。だが、そのときラヴェンナの大穀物倉庫から火が出て、貴重な食糧が全焼した。飢えたゴート人たちは王妃マタスウィンタが犯人ではないかと疑った。まさかとは思うが、マタスウィンタはベリサリウスの妻となってもいいと言ったとも伝えられる。のちにこのテオデリックの孫娘は、コンスタンティノポリスでその身分にふさわしい配偶者を与えられている。皇帝の甥のゲルマヌスだから彼女としては満足のいく相手だったろう。

ユスティニアヌスも戦争を終わらせるのに反対ではなかった。ペルシアのコスロエス王が開戦をちらつかせてきたこともあって、ゴートからの提案を本気で検討した。ゴート側からはイタリアを二分統治しようといってきたのである。しかし、そのあとで戦況が好転してきたので、皇帝は欲を出し、領土の半分では足りない、ポー川の南を全部差し出し、さらにゴート王室の宝物の半ばをよこせと条件をつけた。ウィティギスにとっては、それでも歓迎で、ベリサリウスが承知なら、それを受けると答えている。

そのベリサリウスはやはり軍人としてゴート族の無条件降伏にこだわり、署名を拒んだ。自分の力でイタリア全土を従え、ゴート王ウィティギスを捕虜としてコンスタンティノポリスに凱旋するチャンスを逃したくなかったのだろう。包囲がつづくまま、ウィティギス側はやむなく他に解決策を求めることとなった。

ゴート側はこのベリサリウスのためらいを自分に都合のいいように解釈したらしい。追いつめられた人間はよくこういうミスをするものである。つまり、ベリサリウスには西ローマの皇帝になる野心があるのではなかろうかと考えたのだった。

これはゴート側の誤解だと簡単に片づけられないようだ。たしかにベリサリウスの行動にはおかしなところもあった。部下の高級将校四名を、自分に反感をもったという理由で配置替えしているし、イタリアを統治するためコンスタンティノポリスから到着したばかりの民政文官をそのまますぐ帰国させている。そのあとで腹心を率い、門をひらいたラヴェンナに入城したのだ。かれの軍隊にはかれを皇帝に選出する権利がないわけではなかった。かつて西ローマのガリア方面軍がアウィトゥスを皇帝としたのと同じように。

ベリサリウスはこのことを真剣に考えたのかもしれない。いま述べた曖昧な行動と、コンスタンティノポリスに凱旋したときのユスティニアヌスの冷淡な態度からすると、あるいは……とも思える。だが、ゴート側を恐縮させるためにそう装っただけなのかもしれない。いまとなっては、このあたりは判断しがたい。とにかく無血入城を果たしたのは、かれのそういう態度のおかげなのだ。これが五四〇年五月のことである。

ゴート側はだまされたのだ。ベリサリウスは礼をつくしながらもウィティギスの身柄を拘束した。ゴート軍も全員捕虜となった。王室の宝物をも入手し、ポー川の南に住むゴート人を北側に移した。奇しくも、かつて大テオデリックがオドアケルを欺いたのと同じやり方で、場所もやはりラヴェンナであった。なにか因縁話めいたものさえ感じられるではないか。

勇将ウィティギスは戦術的勝利をときたま収めただけで、大勢を挽回することはできぬまま退陣したのである。だがテオダハドとちがい、自分の利害を顧みずに努力したあげくの失敗だから、ゴート人たちがかれを罵ることはなかった。

ヒルデバドとエラリック

降伏はしたものの、ゴート人は土地を手放さなくてもよかった。ベリサリウスはかれらを東ローマ帝国の臣民として遇したのである。

だが、戦利品は遠慮なく頂戴した。ウィティギスがパヴィーアやヴェローナに疎開できなかった宝物を、ベリサリウスはかたはしから皇帝のもとに送った。

またラヴェンナに多数のゴート人をおくのは危険とみなし、ゴート貴族と軍人をもコンスタンティノポリスにやってしまい、その大半はただちにペルシア戦線にまわされた。

捕虜にはウィティギス夫妻をはじめ、ウィティギスが先妻とのあいだにもうけた息子、もとチューリング王妃でテオデリックの姪アマラベルガの息子と娘、それに次のゴート王ヒルデバドの子供たちもふくまれていた。

全ゴート軍がすんなりと降伏したわけでないのはもちろんである。多くの者はベリサリウスのやり方を詐欺と考えた。ポー川の北側で作戦中の司令官たちが会合し、こういう状況下でわれわれがウィティギスに従う必要はない、別行動をとり、新たな王を選出しようではないかと決議した。

まず候補にあがったのは、パヴィーアを守り戦果もあげているウライアス。ウィティギスの甥である。だが、ウライアスは固辞した。王としての自分の徳、能力を云々するより、叔父ウィティギスを見てわかるように、この一族には運や、つきがない、というのがその理由であった。これはむしろ宗教的思惑である。王の家系にはなにか超自然的な、天与の徳が必要だとする考え方である。その代わり、かれは東ゴートの出身でありながら、いま西ゴート王となっているテウディスの甥ヒルデバドを推した。

当時ヒルデバドはヴェローナの防衛指揮官で、降伏の条件について交渉するべくベリサリウスと連絡をとっていたところだった。そのころ、皇帝軍はイタリア各地に点在して、統一指揮を欠き、一般ローマ人もビザンチンのきびしい税制に苦しんでいた。事実、大テオデリックが死んだときに遡って税を徴収していたため人々の不平はたかまるいっぽうで、世の中はおだやかなゴート支配のほうをなつかしむ気持ちになっていたから、ゴート王国再建にそう不利な状況でもなかったのである。

新王はラヴェンナに使いを送り、ベリサリウスに対しイタリア王位につくようしきりに求めたが、ベリサリウスはユスティニアヌスに個人的に誓約をたてているからと相手にせず、そのまま出帆し、戦いは再燃した。

各地からヒルデバドのところにゴート兵が参集し、給料の支払いがとどこおったため皇帝軍から脱走していたかつての敵兵も加わって、ヴェネト地方トレヴィゾ付近で勝利をおさめたこともある。ここは皇帝側についたエルレル族の部隊が守備していた。前の年に勝手に帰国しようとして途中で捕まった連中である。あのムンドの孫もそこにまじっていた。トレヴィゾの攻撃の指揮をとったのはヒルデバドの甥のトティラ。叔父テウディスからの援助はなかったが、ヒルデバドはここで勝った。

ウライアスはヒルデバドを王に推したぐらいだから、両者は親密だったと考えるのがふつうだが、実はそうではなかった。ウライアスは富裕なローマ女性との結婚で莫大な富を得ていて、同僚たちのはげしい妬みをかっていたらしい。ことにヒルデバドとの確執はひどかったようである。ことによるとウライアスが推薦したのは、自分が責任を逃れ、いやな義務は気にくわないやつに押しつけてやれとの気持ちも働いたのかもしれぬ。

ふたりの確執の原因はその妻たちだ、ヒルデバドの妻がウライアスの妻から侮辱を受け、ウライアスを殺してくれと夫に泣きついたのだ、と、プロコピオスなどはいう。とにかくウライアスは王ヒルデバドの命で暗殺された。国家の非常時に要人たちがそんなことでどうするのか、と、思うのだが、こればかりは仕方のないことか。

この暗殺の報いはすぐヒルデバドにかえった。親衛隊のゲピード人に食事のとき刺殺されたのである。この兵士には個人的怨恨のほか、ウライアスの仇を討つという大義もあったのだった。

この混乱を利用し、かねてよりゴート人から分離し、植民していたルギ人がゲピード人と組み、自分たちのなかからエラリックを王に選んだ。むろん、イタリアの東ゴート王国の王に、である。これはもともと無理な話だった。ユスティニアヌスから承認を受けられなかったのは当然だが、エラリック自身は戦いを避けるだけではなく、ひそかにユスティニアヌスに通じ、ポー川の北側を割譲したいと思うがいかがなものかと持ちかけた。しかし、その実イタリア全土を差し出し、その代わり自分だけがコンスタンティノポリスで年金生活を送れるよう交渉した形跡がある。当然のことながらゴート人のあいだでのエラリックの評判はすこぶる悪かった。

六　破滅への道（その二）

トティラ……上り坂

トレヴィゾで勝利をおさめたトティラは、その成果を踏まえ、死んだ叔父にならってラヴェンナの皇帝軍当局と和平の条件について交渉していたところだったが、パヴィーアのゴート勢力から、王になってくれないかと求められた。

トティラは本名をパドウィラ＝バドウアといった。〝戦士〟を意味する古い言葉だそうだ。そのトティラは東ゴート族の将来を見限っていたのだが、悩みに悩んだ末、王になることを引き受けた。その際につけた条件は五四一年十月末までにエラリックの首をとってくることであった。そして、その条件は満たされた。

かれは英雄叙事詩の主人公たる資格をことごとく備えていた。王位についたときはまだ青年といえたはずである。かれの治世は十一年間というから、大テオデリックについでイタリアの東ゴート王国では二番めに長かった。

その十一年間は戦いの歴史で、前半には驚異的な成果をあげた。いくら美青年の英雄であっても、それだけで勝利をもぎとれるものではない。将軍としても、政治家としても、すこぶる有能だったことは間違いない。だが、理由はそのほかにもあっただろう。

ビザンチウム帝国は、ウィティギスが降伏した時点で対ゴート戦争は終了したと油断し、息をぬいたらしい。名将ベリサリウスも帰還し、イタリアには戦後処理のための小兵力をおくだけでいいと思っていた。

それに、さきほど述べたごとく、イタリア占領地の人々は皇帝の統治に落胆していた。テオデリックに治められていたときのほうがずっといいと考えていた。当時東ローマとしては背後にペルシアの脅威をかかえ、財政的にも大変で、傭兵の給料ぐらいは現地で調達したかったのだろうが、方々に破綻が生じるのはいたしかたなかった。

最初に危険を察知したのはユスティニアヌスだったかもしれない。イタリアでいがみあっている将軍たちに檄をとばし、ポー川以北のゴート軍の征伐にむかわせた。法的にいうとトティラのゴート軍は反徒以外のものではない。皇帝が承認した東ゴート王はすでに降伏し、コンスタンティノポリスで捕虜となっているのだ。

五四一年から五四二年にかけての冬、皇帝のイタリア方面軍の全動員兵力一万二千はラヴェンナを出立し、北にむかった。まずヴェローナを確保し、そこの地元有力者たちの協

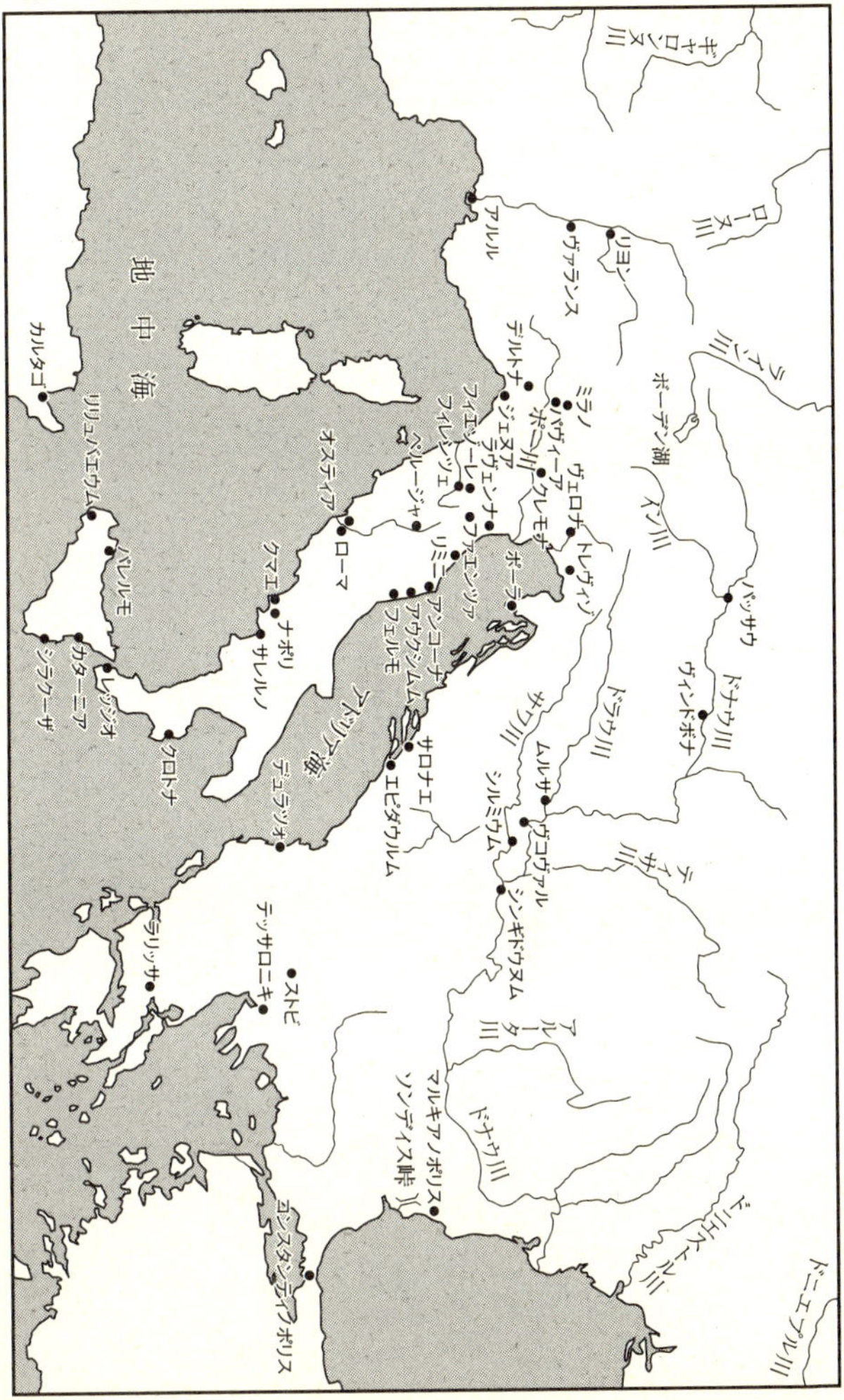
ギャロンヌ川
ローヌ川
ライン川
アルル
ヴァランス
リヨン
ボーデン湖
デルトナ
ミラノ
パヴィーア
ポー川
ヴェロナ
クレモナ
ジェヌア
フィエゾーレ
フィレンツェ
ラヴェンナ
ペルージャ
オスティア
ローマ
リミニ
ファエンツァ
アンコーナ
アウクシムム
フェルモ
トレヴィゾ
ポーラ
イン川
パッサウ
ヴィンドボナ
ドナウ川
ドラウ川
サウ川
ムルサ
シルミウム
ヴコヴァル
シンギドゥヌム
ティサ川
アルータ川
ドナウ川
ドニエストル川
ドニエプル川
マルキアノポリス
ソンディス峠
テッサロニキ
ストビ
ラリッサ
サロナエ
エピダウルム
デュラツィオ
アドリア海
地中海
ナポリ
クマエ
サレルノ
レッジオ
クロトナ
カターニア
シラクーザ
パレルモ
リリュバエウム
カルタゴ
コンスタンティノポリス

東ゴート関連図

力をとりつけた。だが、これでひと安心とのんきにかまえていたところ、トティラ軍のため思わぬ敗北を喫し、レノ川とファエンツァ（当時の名はファウェンティア）の中間にしりぞいた。ここらはラヴェンナの南西にあたる。トティラは全兵力をあげて追撃した。全兵力といっても当初は五千名にすぎなかった。

ポー川を渡るとき、トティラは「自分は正義を行い、戦いには勝たねばならぬ。なぜなら、勝者には権威と力がおのずとそなわるものだから」といったと、プロコピオスはつたえている。かれにはそういわせるだけの、カリスマめいたものが備わっていたらしい。指導者というのはいかようにあるべきかを理解しており、意識的にウィティギスの逆をいったのだとも考えられる。

ともあれ、トティラの人気ははじめから高く、ゴート人の地主も、ゴート人以外のゲルマン系住民も、大挙してかれのもとに走った。皇帝軍からもぞくぞくと脱走してきて、なかにはベリサリウスの高級将校さえひとりいたという。

五四二年の春、トティラはファエンツァで大勝利を手にした。長槍騎兵を駆使した巧妙な機動包囲戦で、兵力で倍する敵を破ったのである。そのしらせに方々から味方がかけつけ、トティラ軍はやがて二万にもふくれあがり、かれはフィレンツェを囲んで、ローマに通じるカッシア街道の制圧にとりかかった。

そうはさせじと南から皇帝軍が接近してくると、トティラはフィレンツェから北へ一日行程のムジェロ谷に後退のうえ迎撃し、相手に壊滅的打撃を与えた。なにやら七百年前のハンニバルを彷彿させる。戦場もその近くなら、戦法も似ていた。

小兵力に分散した敵が北・中部イタリアの町にこもるのを尻目に、トティラはまっしぐらに南イタリアをめざした。これは皇帝軍幹部の意表をつくことだった。

南イタリアはそれまで戦乱から免れていて、ゴート軍の食糧補給には便利で、戦利品もたっぷりあった。たちまちベネヴェントとクマエを占領。このクマエという町は、東ゴート王国壊滅後も、ながらく残存ゴート勢力の重要要塞となった。皇帝側にとどまった町はオトラント（当時のヒュドント）のみであった。

ついでナポリの包囲にかかった。ここは昔から反皇帝勢力の強いところである。翌五四三年の春にはナポリに入城。これでアフリカからシチリアを経由する皇帝側の制海権はあやうくなり、ローマ市がふたたびゴート軍の脅威にさらされたのである。

ナポリの守備部隊と市民に対するトティラの態度は当時としてはまことにめずらしいものだった。五三五年このかた、ゴート当局に対してだれがどんな立場をとったかを正確にしらべあげ、それに応じて市民に賞罰を課したのである。だからナポリ市民にはおおむね寛大だったが、チボリ（当時はチブール）占領にあたってはきびしかった。

五四三年から五五〇年までの七年間、イタリア全土は戦いの渦のなかであった。すさまじい消耗戦がつづいた。

五四四年の十一月か十二月、ベリサリウスはイタリアにもどって来た。ダルマチアのプーラ（当時のポーラ）から海路ラヴェンナに上陸し、ローマ人、ゴート人たちに、トティラからはなれ、皇帝のもとにつけと呼びかけたが、反応はまるでなかった。もともとベリサリウスはこういう事態の処理は得意ではない。皇帝軍の崩壊はとどめるべくもなかった。五四五年初頭にはせっかく応援に来たイリュリア方面軍も、その本国がブルガリア人の侵略をうけたため、そうそうに帰国してしまった。ついていないときはこういうものである。まさかブルガリア人とゴート人との連携があったとは思えない。

そのあとトティラはフェルモ、アスコーリ、スポレト、アッシジ、キュージ、オジーモなど重要拠点の占領に成功し、皇帝側の手に残ったのはペルージャだけということになってしまった。これだけでは、ローマとラヴェンナの連絡を確保するわけにいかない。ベリサリウス復帰の一年後に、トティラはローマの第一次攻略にかかった。

五四六年になって状況はゴート側にさらに有利に展開したが、これはトティラの外交手腕による。フランクの脅威を封じたのである。その代償としてフランクにヴェネト地方のほとんどを割譲してしまったけれど、これで背後の脅威はなくなった。皇帝軍がイストリア経由で、陸路侵入してくるおそれもない。

ベリサリウスはローマ郊外のポルト（いまのダ・ヴィンチ国際空港の南隣りにあたる町）からローマ防衛を援護していたが、五四六年の十二月、トティラはローマに入城した。

前々から給料の支払いがないので不平たらたらの皇帝軍のイサウリア（小アジアの）兵たちが、城門をひらいたのである。トティラは部下に略奪を許さず、飢えた住民をいたわった。たとえばベリサリウスの配下にトラキア生まれのゴート人（！）でベッサスという者がいて、ローマで食糧の横流しなどで巨利をむさぼっていたが、この男は落城のとき、命からがらポルトに逃れ、その不法財産はゴート軍のものとなった。

トティラはこのあたりが和平交渉開始の潮時であると判断した。いまなら、もちかけた有利な条件を敵に蹴られた場合、ローマ市街を破壊し、捕らえてある元老院議員たちを殺し、さらにイリュリアに攻撃をかけるぞと脅すことが可能である。かれの使節団は自信にみちてコンスタンティノポリスに赴き、トティラの親書をユスティニアヌスに渡した。親書には先々帝アナスタシウスが大テオデリックと協力してイタリアに平和と福祉のもとをおいたことが指摘されていた。それと同時にローマで発行した貨幣には親ゴート派のアナスタシウスの像を刻印させた。

だがユスティニアヌスはつっぱねた。かれにとりトティラは法的には一僭王にすぎない。交渉ならまずベリサリウスとするように返答した。そのベリサリウスは当時熱病で苦しんでいたらしい。代わりに部将ヨハネスが南イタリアで戦果をあげ、トティラはローマの城壁を一部破壊してから、そこへ救援に駆けつけた。一応ヨハネス軍を破りはしたものの、決定的勝利とはいえず、反転してラヴェンナをめざした。

これがトティラの犯した信じられないミスであった。ローマから主力を撤退させたのである。まだベリサリウスが目と鼻の先のポルトに布陣しているのだ。なんでこんなことをしたのか。よほどよんどころない事情があったのだろうが、そうすればどうなるとわかっていたはず。魔がさしたとしかいいようがない。五四七年四月、ゴート軍主力がラヴェンナをめざしているうちに、はやくもベリサリウスはローマの奪回をなしとげ、城壁の修理を開始していた。むろん、トティラは守備隊を残しておいたが、とてもそれで大都市ローマを守りきれるものではない。トティラともあろうものにそれがわからなかったはずはないのだ。まこと、運命の女神が人の目と心をまどわすのには、ハンカチのひとふりで充分らしい。人はいそいそとそれにまどわされる。

とにかく、トティラはローマ攻防戦の第一ラウンドを失い、せっかくのそれまでの成果をふいにしたのである。彼のカリスマにもひびがはいった。ローマ再占領に成功するのは五四九年から五五〇年にかけてなのだが、その前にフランクの王女に求婚して断られている。その理由は第一ラウンドの敗北であった。以前からフランクとは絶交状態になっていたのだが、その勢力を無視してはもはや何ごともできないのが現状であった。

しかし、ベリサリウスのほうも順調だったわけではない。皇帝の命によりイタリア半島の長靴の踵オトラントに赴き、そこで増援を待って、大攻勢に転じる作戦だったものの、トティラ軍の進撃速度が思ったより速く、部下の将軍たちのあいだで意見の不一致が絶えないこともあって、計画の実現にはいたらなかった。

そのころ、トティラは鉱山や農園で働く奴隷たちに檄をとばした。ゴート軍に加われば、ゴート社会での自由を与えると約束して。イタリアの下層民にもひろく呼びかけ、その結果、かれの軍隊は強大となった。

いまでもイデオロギーが大好きな一部の歴史家はこの事実をもってトティラを社会革命家にしたてたがっている。そう考えるのは勝手だろう。それに、社会の変革というものは、意図しない行為の結果として生じることが多いのもまた事実だ。しかし、かれがめざしたのはあくまでも戦争だった。兵力と、それを養うための生産労働力の確保だった。そこになんらかのイデオロギーの萌芽を意図的に見るのは、見ないより不自然である。

似たようなことは皇帝軍もやった。ただ、トティラのほうに一般の人気があったのは、土地取得の保証と個人の自由を約束し、それを直接実行できる立場にあったからだろう。

ペルシアの脅威をひかえながらも東ローマ帝国の経済力はさすがに強大であった。そのことはトティラにもわかりすぎるほどわかっていた。だから、イタリアの経済力を総動員しなくては、この戦さには勝てない。少なくとも有利な講和を結べるところまでもっていけない。それも心得ていた。

だが、トティラはローマ市の上流階級には受けがわるかった。都督ケテーグスのように両勢力の融和に努力した例はあるけれども、ローマ貴族の大半は皇帝党だった。トティラはそのことで元老院議員たちを非難したが、それは無理というものだろう。大テオデリックの晩年以来、ローマ貴族たちはなにかというと人質にとられ、奴隷解放を強要され、ときとしては処刑されてきたのである。だから、トティラは大衆を味方につけようとつとめていた。

五四七年五月、トティラはラヴェンナからローマ方面にもどり、ローマの再占領を図ったが、戦術的に失敗した。部下たちは批判したけれど、これでゴート軍全般の状況が特に悪化したわけではない。悪化したのは親戚筋の西ゴート族の事情だった。王テウディスはトティラの成功にあやかろうとし、ジブラルタル海峡をこえ、モーリタニアでローマ軍に攻撃をかけたが、大敗し、王位と生命を失ったのである。五四八年のことになる。

イタリアの戦況は一進一退した。しかし、トティラのカリスマはもちこたえた。ベリサリウス軍の傭兵の重要部分であるモーリタニアとイサウリアの兵たちは群れをなして、トティラのもとに走った。そのベリサリウスの強力なパトロンでありつづけた皇妃テオドラは五四八年、五十一歳で世を去っている。ベリサリウスの妻アントニアがその親友だったことは前に触れた。ベリサリウスはそのすぐあと故国に召還された。ローマ守備隊内に反乱の兆しがあり、そこへ駆けつけようとしたときだった。むろん、イタリアの戦況が皇帝にとり思わしくないためだが、テオドラが健在なら、召還はまだまだあとのことだったろうと思われる。これは結果としてゴート側にかえって不利に働いた。ナルセスという不気味な強敵があらわれる前に、ゴート軍としてはもう少し地歩を固めておきたかったろう。

そのころからゴート王国はついに小規模ながら海軍を持つようになり、五四九年の夏には、それをもってアドリア海を押しわたり、ローマ海軍を破ってダルマチア沿岸を荒らしている。その司令官はインドゥルフという名前からわかるようにゲルマン人だが、もとベリサリウスの腹心だった。こういうことも複雑怪奇である。

それとほぼ同じころ、ランゴバルド族の王位継承者でヒルディギスという男が、現王のワコに追放され、かなりの兵力を率いてイタリアに侵入してきた。ランゴバルド人の親衛隊三百人、ゲピード族などの傭兵六千人である。これはヴェネト地方で東ローマ部隊を殲滅したのだが、どういうわけか当初の目的だったはずのトティラとの合流は果たさず、ドナウ中流モエシア地方にもどっていった。きっと本国の事情に変化があったのだろう。だが、もどったのが仇となりヒルディギスは殺されることになった。これだけの兵力がトティラと組んだら、戦況に影響なしとしなかったろう。しかし、トティラには遠方から味方をひきよせる魅力があったということを証明する事件にとどまった。

五四九年夏から翌年一月にかけ、トティラはまたしてもローマを包囲した。このときも前と同じように、やはり支払われない給料の恨みからイサウリア出身の兵たちの裏切りで、ローマは陥落した。お粗末な話のようだが、本当である。今回、守備側の損害は前回より大きく、生き残りはゴート軍に参加した。トティラがローマで発行した貨幣には、皇帝の冠をいただいた自分の像を刻印してある。トティラがラテン語の使用を法律をもって禁じたという風説があるが、信じるに足りない。そういう愚行をなせば、その時点でトティラ王国はおのずと壊滅したはずなのである。

元老院はゴート人とローマ人によって新たに編成され、それにもとづいてふたたびコンスタンティノポリスに使節団が派遣された。トティラの王位就任以来三度めのことだが、現実味のある交渉が使節団に任されたのはこれがはじめてである。トティラは〝シチリアおよびダルマチアの王〟という称号は放棄し、東ローマ帝国に年貢をおさめ、必要とあらば兵を供出することを申し出た。しかし、せっかくの使節団は謁見も許されず、そのままコンスタンティノポリスで捕虜のようになってしまった。ユスティニアヌスの回答は全面戦争だったのである。大ローマ再統合についてのかれの意志はかたかった。彼にとり戦争は勝利で終えるほかに考えられなかった。それについてはコンスタンティノポリスに避難してきたローマのもとの有力者たちの圧力もかなりあったという。

業をにやしたトティラがシチリア各地方を略奪し、ラヴェンナ近郊で皇帝軍を叩きのめしているうち、ユスティニアヌスはベリサリウスに替えて、ゲルマヌスをイタリア方面軍総司令官に任じた。自分の甥で、前のゴート王ウィティギスと離婚したマタスウィンタの新しい夫である。ユスティニアヌスも人のわるいことをするものだ。

トティラ……下り坂

それに先だって、東ローマの側から戦略の一環としてアマル王朝をもちあげるプロパガンダがなされた。本当のアマル家の王たちはずっと皇帝に忠実だった、というのである。マタスウィンタが皇帝の甥と結婚したため、アマル家はローマの大貴族となった、そこから新しい西帝国が誕生するのも夢ではない、ともあった。ユスティニアヌスとしては独立した西帝国など考えてもいなかったのだが、ゴート人、イタリア人の心を得るためにはこうすることが必要だった。

ゲルマヌスとマタスウィンタの名前のおよぼす影響はたしかに大きかった。ゴート兵も、ゴート軍に所属するイタリア兵も、大テオデリックの孫娘を敵とすると思うと、気が重かったにちがいない。しかし、そのゲルマヌスは五五〇年の夏に突然病死した。ソフィア（昔はセルディカ）で、イタリア侵攻の準備中のことである。ここを基地としたのは、のちのナルセスと同じように、イゾンツォ川から攻めこむつもりだったらしい。この遠征には大勢の傭兵が志願していた。ゴート軍組みやすしと考え、戦利品をあてこんでいたのだ。

総司令官ゲルマヌスの死を知って、ゴート軍は、これぞ天佑とはしゃいだかもしれないが、それも糠よろこびだった。彼らには苦手のナルセスが交替しただけであった。

ナルセスは遠征軍総司令官に就任し、五五一年四月にコンスタンティノポリスを発った。夏にスプリト（サロナ）に集結したとき、ローマ海軍はアンコーナの近くで、ゴート海軍相手に大成果をおさめていた。その年のはじめ、ゴート側の三百隻がコルフゥ島とエピロスを荒らした報復をとげたわけである。これでゴート軍が包囲していたアンコーナは解放されたことになる。トティラが一時でもギリシア本土へ進出したことで、ユスティニアヌスの戦略はつまづいた観があったが、やはりゴート海軍はビザンチンの敵ではなかった。

同じころゴートの使節団はやっと帰国を許されたが、土産はなにもなく、ゴート軍の士気は五四一年、トティラが王となる前の水準まで低下した。それではまずいというので、トティラはコルシカとサルデーニャを無血占領したけれど、西方でこの程度の戦果をあげても、東方からひたひたと押しよせる大波を防げるはずもない。

充分に準備をすませたナルセスは、五五二年四月、スプリトからダルマチア、イストリアをへて、イタリアに向かった。これまでは南から海路侵入していたのだが、作戦を変えたのである。長靴は上からはくものだ、と、ナルセスはいったそうだ。当時の測量術でもイタリア半島が長靴のかたちをしていることがわかっていたのだ。えらいものだと思う。だが、作戦としてはべつに新味のあるものでもない。テオデリック自身もそのコースをとってイタリアにはいったし、病死したゲルマヌスもそのつもりだった。ベリサリウスが南から侵攻したのは、対ヴァンダル戦争で南部の補給線が完備していたたし、海軍の主力もそこにいたためと思う。

ヴェネト地方を手にしていたフランク族は、ナルセス軍の通過を拒んだ。その軍に、フランクの宿敵たるランゴバルドの兵五千五百名がいるとの理由であった。東ゴートのテヤはヴェローナ防衛司令官としてかなりの兵力を擁し、ポストゥミア街道に川の水をあふれさせ、通行を阻止した。

ナルセス軍はラヴェンナに入ろうとし、ゴート軍はそうはさせじと躍起となっていたのだが、海岸のことは念頭になかった。そのころのラヴェンナ周辺は無数の河口や沼沢が網の目のようにからみあい、とても大軍が通れるところではないとたかをくくっていたのである。だが、ナルセスは優秀な工兵隊をつれており、携行式仮設橋などを活用してゴート軍の裏をかき、三万の軍を無傷でラヴェンナに連れていったのである。ゲルマン人には想像できないことだったにはちがいないが、古代ローマからの土木技術の成果を常時目のあたりにしていたのだから、想像ぐらいはして然るべきだった。見くびっていたのが致命的といえた。

フランク＝ゴートの北東防衛線が崩壊したのに加え、南イタリアでもゴート軍の旗色はすこぶる悪くなった。東ローマ海軍が、ギリシアはテルモピュレーの守備軍を臨時にブルッティウム＝カラブリアの線に移し、その昔、イタリアにおけるハンニバルの最終基地であったクロトン（いまのクロトーネ）付近でゴート軍相手に大勝利をおさめたのである。

五五二年六月の半ば、ラヴェンナで態勢をととのえたナルセスは、全兵力を率いて出撃した。目標はローマである。まず海岸線をマルケ州ファーノまで進み、フラミニア街道と平行して南へ道をとって内陸部に入り、ウンブリア地方の中央部にとりつく。

五五二年六月の末か七月のはじめ、小村グアルド・タディーノ付近でフラミニア街道にもどる手前、アペニン山脈のなかブスタ・ガロルム高原で、東ゴート王国――正確にはトティラ王権――の運命を決する戦闘があった。ゴート軍はローマ市から迎撃に出てきたのである。

ナルセスは八千名からなる弓兵を、視野のせまい地形に応じて半月状にならべ、その後ろに昔からローマ軍の華である長槍密集部隊をおいた。本陣もそこである。ランゴバルド、エルレル族からなるゲルマン傭兵部隊が最前線の中央を占めた。騎兵は千五百と弱体だが予備にまわされ、その三分の一が退却する味方をおしとどめるためで、残り三分の二がゴート歩兵を背後から襲うことになっていた。

戦闘開始に先だつ深夜、ローマ歩兵五十名からなる強行偵察部隊が戦術的に重要な丘を占領し、そこに楯をぎっしりとならべたあと、剣と弓で武装して繰り出して、ゴート騎兵の強襲を三度にわたってしりぞけたのである。

トティラは味方が劣勢であることを知り、攪乱戦法に出て、機を見て奇襲を加えんものと考えていた。テヤの援軍二千が近くまで来ているとの報告があったので、なるべく時を稼ぎたかったのだった。

そのため、対峙するゴート軍の戦列からコカスという戦士が進み出、敵のすぐ前まで行くと決闘を挑んだ。これは前にトティラに寝返ったローマ軍人である。ナルセス側からはただちにアルメニア人アンザレスが受けてたった。ともに騎馬で戦う。まずコカスが槍で相手の腰を狙って、馬を駆ったが、アンザレスは巧みにかわした。その結果、コカスは相手に横腹を見せることになり、そこを深ぶかと槍で貫かれ、どうとばかり落馬して果てた。凶兆なのにトティラは落胆しなかった。もうしばらく時を稼ぐ意図をもこめて、儀式をとりおこなった。きらびやかな鎧をつけ、王のしるしを帯び、みごとな軍馬にまたがって両軍のあいだにしずしずと進み出るや、二度三度そこを走りぬけつつ、槍を空中高く投げあげ、それを宙で受けとめたのである。槍を左右の手にもちかえつつ、馬から左右に跳びおり、また跳びのってみせた。これを午前中いっぱいつづけたという。敵も味方もうっとりと見とれた。これは古来、草原の遊牧民が戦いの前に見せるパフォーマンスである。それでも足りず、話しあいを求めに使いを敵軍に派遣した。むろんナルセスはこれを拒否した。

ナルセスは宦官である。凜々しいトティラの振る舞いを前に、いまに見ておれと歯ぎしりしたにちがいない。ふたりの対比にはできすぎの観さえある。このときナルセスは七十二歳の老人だった。それにしても敵に時間稼ぎを許して、自分からの攻撃を控えていたのには首をかしげさせられるが、これは弓兵にかけた期待の大きさのためであろう。ナルセスは敵に先に攻撃させたかった。そこをいまでいえば圧倒的火力で殲滅するつもりだった。火器とちがい、弓の射程距離はしれたもので、相手を充分にひきよせなくては効果がない。

ゴート軍にはぎりぎりになって援軍が合流した。テヤがもともとローマに向かわせるつもりだった二千騎だ。それに力を得てトティラはまず兵たちに昼食をとらせ、自分も一休みしてから総攻撃の命令を出した。槍以外は使うな、と指示してある。騎乗突撃の圧力でローマ軍をいっきに蹂躙せんとしたのだが、その突撃は皇帝軍の飛び道具の前に屈した。まさに長篠で信長の鉄砲隊の犠牲になった武田勝頼である。騎兵の損害は六千という。誇張した数字だとは思うが、もし本当なら皇帝軍の完璧な勝利であろう。ナルセスの冷静な計算が勝ったのだ。

トティラは壮絶な戦死をとげた。それについては二説ある。戦いが始まるやいなや、矢を受けて死んだ、あるいは、逃走中、ナルセス軍ゲピード部隊の隊長アスバドの手にかかったともいわれる。確実なのは、カプララ（当時はカプラエ）まで重傷の身を運ばれ、そこで息をひきとり、埋葬されたということである。偶像を失ったゴート軍はもろくも総崩れとなった。踏みとどまって戦うはずだった歩兵も、算を乱して逃げる騎兵にまきこまれ、なすところを知らなかった。

情報を得たナルセス軍は、墓を捜してあばき、死体がトティラであることを確認して、また埋めたそうだ。その血染めの服をナルセスがゴート王の玉璽をそえてコンスタンティノポリスに送りとどけたともいう。

プロコピオスのつたえるところだと、トティラは戦闘前の例の儀式でつけていた派手な甲冑をふつうの兵のものと取り替えて戦っていたので、逃走中もなかなかそれとはわからなかったそうである。

筆者はペルージャからこのあたりに車を走らせた。春のウンブリアの原野は美しいものの、どこか荒涼の気を漂わせて、行けども行けども丘陵のつらなる同じ眺めがつづいた。グアルド・タディーナまで行ってみるつもりだったが、タクシーの運転手はイタリア人の常として、自宅で昼食をとることにこだわり、しきりに時計を気にするので、その手前から引き返した。

このあたりの丘と丘のあいだ、さして広くない平原部で東ゴート王国はその歴史を事実上終えたのである。

テヤ

ナルセス侵入時にヴェローナ地区司令官だったテヤは、トティラの応援に駆けつけたのだが、ブスタ・ガロルムの激戦を生きのびた。残兵をひきつれ、ラヴェンナのあとゴート王国の首都となったパヴィーアにもどり、そこで王に推された。東ゴート最後の王である。そこには王室の宝物の一部が所蔵してあり、それが王をえらぶ法的根拠になったのであろう。王となったテヤはまずフランク王国に援助を求めたがすげなく断られた。だがゴートの戦力が壊滅したわけではない。しばらく凄惨な戦いをつづけるだけのものは残っていた。

ナルセスはポー流域とトスカナ地方に部隊を配置し、自分はローマに赴いてそこをなんなく占領した。ついでテヤの弟アリゲルンが固めるクマエを包囲させた。

テヤが当時の国際習慣を無視して人質を処刑し、一般ローマ市民に報復を加えたのは、将来に絶望し、自暴自棄になったしるしか。やがてゴート軍は南下、道をアドリア海沿いにとり、ローマを迂回して、ナポリ地区に達した。その意図は明らかでないが、そこにゴート海軍の基地があり、おそらくはシチリアにでも渡って再挙を図ったものであろう。やがてナルセス軍接近のしらせで、テヤはヴェスヴィオ山近くのサルヌス（当時はドラコン）という小川の畔に布陣した。小川ではあるが、岸が深く切れこみ、双方にとり、渡るのは容易ではない。ゴート軍は海岸近くの橋を制圧し、海からの補給をあてにすることができた。陣地は要所に木の塔を配置し、投石器などで固められていて、ナルセス軍もうかうかとは攻撃できない。両軍はそこで二か月も睨みあっていたが、ゴート海軍司令官が裏切り、そのためしだいに食糧がとぼしくなった。窮地に立たされたテヤはナポリよりサレルノに近いモンス・ラクタリウス（乳の山）にこもり、敵を迎えた。そこに陣を移したところで食糧事情が良くなるはずがなく、餓死するよりはと、テヤ軍は最後の決戦に踏みきった。王みずから山峡のせまい道に仁王だちとなり、楯で身をふせぎながら、迫る敵をひとりずつ倒してそこを守った。楯に敵の投げ槍や矢がささって重くなり、持っているのが辛くなると、後ろにひかえた兵が新しいのをわたす。こうして昼間の三分の一も鬼神のごとく戦いつづけたが、楯を交換する一瞬の隙に敵の槍がテヤを貫いた。この話は現実ばなれしている。実際にはありえない。かれの後方に控えていたというゴート部隊はそのあいだなにをしていたのか？　この叙述はイリアスなどを連想した史家プロコピオスが勇敢な敵に捧げた挽歌と解するべきであろう。とにかく、東ゴート軍の組織的抵抗はここで終わった。

王の戦死のあとゴートの将たちはナルセスとの交渉に入り、ナルセスはイタリアからの自由な撤退を承認した。皇帝に忠誠を誓うだけという寛大な条件でゴート兵がそれぞれの所有地にもどることをも認めたほどである。財貨を持っていくことも禁じなかった。かつてベリサリウスのところから脱走してきたインドウルフの麾下千人が重囲を突破してパヴィーアまで血路をひらいたが、それが唯一の例外であとはすべて降伏した。

パヴィーアにたどりついたゴート人たちはいくどか新王の選出を試みたものの、実現にはいたらず、東ゴート族五百年の歴史はここで幕を閉じたといえる。

このあと三年間、いくつかの都市は抗戦をやめなかった。五五五年になってやっとカンパニアのコムプサという町がナルセスの軍門にくだったが、そこに籠城していた七千人のうちゴート人はごくわずかだったという。テヤの末弟のアリゲルンも、兄の死後クマエを守りつづけていたけれど、一年後あきらめて宝物をナルセスに引き渡した。パヴィーアのゴート軍については情報がない。フランク軍に加わったのかもしれない。フランクとアレマンの連合軍はゴートとの同盟の誼《よしみ》もあり、火事場泥棒的な戦術にも関心があったのだろう、ふたてに分かれてイタリアに侵入してきたが、そのひとつはカプアで皇帝軍に敗れ、もうひとつは国から持ってきた疫病のため、ヴェネト地方で自滅してしまった。

生きのこったゴート兵の一部は皇帝の軍隊に入り、その子孫は独立部隊として、ある意味で東ゴート王国の衣鉢を継ぐランゴバルド王国から給料をもらっていた。十一世紀になっても独自の法を遵守していたという。ゴートの民間人にはイタリアに私有する土地に残る者もあったけれど、皇帝は反乱を恐れ、まとまって住むことを許さなかった。

ユスティニアヌスの死はそのほぼ十年後、五六五年である。後世はかれの名に〝大〟をつけて呼んだ。

これで民族単位としての東ゴート族は事実上消滅した。独自の文化を築きあげるには時間が短かすぎたし、その短い時間も大半は戦乱に明けくれた。だから、文化的遺産といえるものはほとんどない。が、その例外がひとつだけある。ゴート語訳の聖書である。東ではなく西ゴートのだが、四世紀末、アリウス派の高僧ウルフィラが、まずゴート語のアルファベットを考案したうえで、訳出した。そのみごとな写本がテオデリック時代のイタリアで作成され、東ゴート王家の宝物のひとつとなっていたのである。

もとは上質の羊皮紙三百三十六枚だったが残っているのは百八十八枚だけ。赤の地に銀や金の文字でしるされ〝コデクス・アルゲンテウス〟と呼ばれている。銀の写本という意味である。言語学の面からしてもすこぶる貴重な資料なのだ。この写本は五四〇年より前にラヴェンナからパヴィーアに疎開され、それをあとでトティラが南イタリアのクマエに移したらしい。五五三年にその町が陥落したとき、どういうわけか、この高価な写本は皇帝軍に押収されずにすんだ。しばらくそこに保存されたあとで、数奇な運命をたどりはじめ、まずカロリング王朝時代のドイツに運ばれ、さらにフランス王家のものとなった。

そして十九世紀のはじめ、スウェーデンのグスタフ四世は反フランスの政策を強引につづけたあげく窮地に追いこまれた。そのあげくスウェーデンの国会はナポレオンの将軍ベルナドットを皇太子に選んだのである。その折りにベルナドットが就任の土産にもってきたのがこの写本で、いまはスウェーデンの宝物としてウプサラ大学が保管している。考えてみると、ゴート族のもともとの故郷はこのあたりだった。そのゴート族の唯一の文化遺産がまわりまわって、千五百年以上たって故郷にもどってきたのである。一巻の書にこれほど重い運命が与えられた例は史上ほかにない。

歴史の舞台から消えても、ゴート族が人々の記憶から消えることはなかった。一四三四年、スイスのバーゼルで開催された公会議でのことである。当時デンマーク、ノルウェーをも支配下においていたスウェーデン国王エリック十三世の大使と、スペイン、カスティリア王の大臣のあいだで、どちらが上席につくかで争いがあった。前者は、われわれは栄光に輝くゴート族の故郷を国土とし、本家にあたるとし、後者はそれに対し、西ゴート族がスペインでキリスト教世界のため奮闘しているとき、スカンディナヴィアの連中は手を拱いていただけではないか、われわれはその西ゴートの子孫なのだ、と、反論した。

その結果がどう決まったかは聞きもらしたが、公会議といえばカトリック教会の重大な行事で、教理、教会規則を討議するため全世界から枢機卿などが参集し、めったに催されるものではない。その席上、こんなことで喧嘩するのはどうもばかばかしく思えるのだが、ゴートという名前の人気が巷間に衰えることのなかった証拠ではある。

フランス革命時代の変わり者の作家シャトーブリアンなどは、おれの先祖はゴート人だと騒いでいた。この感覚の糸がナチにまでつながっているのかもしれない。ナチはポーランドのグディンゲンをゴーテンハーフェンと改名し、クリミア半島にゴート人がかつて住みついていたというので、シムフェロポリをゴーテンブルク、セウァストポリをテオデリックスハーフェンと呼びかえようとしていた。

おわりに

舞台は二十年前と同じ。イタリアのどこかの田舎、そこの酒亭で、またあのふたりが向かいあっていた。冬である。雪が舞っている。南国といっても寒い。ふたりは首をすくめながらかわらけのワインをすすっていた。

「寒いな」情報通だったほうがいった。

「寒い。身にしみる」

ふたりとも年をとっていた。頭髪はひとりは白く、もうひとりは薄い。

「二十年だな、あれから。おぼえてるか？　この店で話したっけな」

「そうなるかね。二十年かい」

「いろんなことがあった」

「あったな。なければいいと思ってたが」

「これが世の中さ」

「うん」

「お前さん、男の子がいたろ、あのころ腕白ざかりの」

「いた」

「どうしてる?」

「わからねえ。死んだらしいが」

「どこでよ」

「いったろ、わからねえって。兵隊になったのさ。儲けがいいと思ってな。家を焼かれたときに出ていったっけ」

「気の毒にな。どっちのだい?」

「どっちかのさ。決まってるはずがあるかい。あっちについたり、こっちについたり。払いのいいほうに行ってたらしい。でもな、風の便りだと、死んだときはユスティニアヌス様の軍隊にいたそうだ」

「で、儲かったのか?」

「まあな、何度か……そうさな、五、六度は家にもどってきて、土産だといってよ、いろんなものをおいていったな。金貨、銀貨が多かったっけが、一度、妙な壺を持ってきやがった。古いギリシアのだとかいってた。値打ち物だとよ。ローマだったかな、ナポリだったかな、とにかく大貴族の屋敷にあったらしいや。いつだったか拝ませてやったろが」

「ああ、あれかい。おれらには値打ちなんぞわかんないが、息子さんの形見みたいなもんだ。大事にとっといてやるんだな。銭なんてのは使っちまったっていいだろが」

「そうするか」

ふたりはしばらく黙って目の前のかわらけを眺めていたが、やがてむかしは情報通だったほうが、

「まずくなったぜ、酒がよ」

「そうよ、樹の手入れどころじゃなかった。これからはちったあおだやかになるかね？」

「だといいが。おれにもわかんなくなったわ。ものを知ってたってあんまり役にはたたねえ。ところで、お前さん、息子が死んだらしいって、どうしてわかりなすった？」

「そのことか、うん、仲間だったってのが、寄ってってくれてな。どっちかの軍隊が川向こうで野営したことがあったろ。そのときだ。やつに頼まれてたらしいや、おれが死んだら親にしらせてくれろってな。しらせてくれたのはいいが、食糧徴発だってニワトリ三羽、持っていきやがった。金はよこしたけんど、なんにもならねえ金だったぜ」

「で、どんな男だったかね？」

「だれが？」

「その、息子の仲間っていうのさ。イタリア人だったか？」

「いんや、ロンバルド人とかいってた。ゴート人みたいなからだつきでな。しゃべり方もおかしかったぜ」

「ふうん」

「何者だい、ロンバルド人てのは？　お前さん、なんにでも詳しいはずだがよ」

「むかしはな。このごろじゃ駄目よ。ナルセス様の軍隊てのにはな、たまげるほどいろんな人間がいるしな。だけんど、聞いたことはあるぞ、ロンバルド人てのは。なんだかえらく荒くれで、ゴート人に替わって、イタリアにいずれ攻めこんでくるんじゃないかって噂もある」

「相もかわらず地獄耳だ。遠慮しなくたっていい」

「そうはいってもな、何も知らないほうがいいかもしれねえや、このご時世じゃ」

「そうそう、そいつがいってたっけが、息子のやつ、どこかの女とのあいだに子供ができてたらしいとよ」

「ほう。そいつはめでたい……と、いっていいのかね」

「いずれ、ここを捜しあてて訪ねてくるかもな。ま、婆さんとその日でも待つことにするか」

「そのときは声をかけてくれや」

「わかったよ。おたがい、生きてればな」

空はすっかり暗くなり、糸杉がまたひょうと鳴った。酒亭のとぼしい灯りがぼんやりと照らしだす闇の部分に、雪片が一心に舞っていた。風の具合で白いちいさな踊り子たちは落下をやめ、あわただしく上昇することもあった。

あとがき

恐縮ながら私事よりはじめる。筆者と東ゴート族とのかかわりである。かかわりなどというと大げさだけれども、要するに、筆者がどんな過程でこのゲルマンの一種族への関心を育てていったか、ということである。

むろん旧制中学の西洋史の教科書にも若干の記述はあった。しかし、いまでもそうだが、西ローマ帝国は、四七六年、ゲルマン人傭兵隊長オドアケルに滅ぼされ、またオドアケルの王国も、フン族の支配から脱したテオデリック（大王）がイタリアに建てた東ゴート王国に滅ぼされたこと。そして、東ローマ帝国は、六世紀なかば、ユスティニアヌス帝のとき、東ゴート王国を倒して、一時イタリアを回復したこと……そのくらいしか書かれていない。これは当然である。人類の営みの歴史をその始まりから一冊の本にまとめるわけだし、一世紀にも満たなかった東ゴート王国の命運など、所詮欄外の事件であろう。

だが、欄外の事件といえども、その当事者たちの生きざま、死にざまのすさまじさは、いわゆる歴史的大事件の場合と、これもまた当然ながら、なんの変わりもない。少々気取っていうならば、そういうことを書きたかった。もっとも、はじめから、つまり少年のころからそんな感心なことを考えていたわけではない。当時は、オドアケルとはなんとなくおかしな名前だなとの印象ぐらいしかなかった。西ローマの滅亡は四七六年と暗記するほうに懸命だった。試験のために。戦争中のことである。

戦争が終わった。そのころの学生は神田の古本屋街をぶらつくのが一種のレクリエーションだった。それに、筆者の通っていた学校は、図書館がなかった。図書館のための空間はなんとかあったものの、肝心の書物を疎開させていて、まだそこからもどってきていなかったのである。いまにして思えば、信じられないようなことだが、それでも文句もいわず、いじらしくも古本屋を図書館代わりにしていた。

そのころの古本屋にはなぜか岩波文庫のボエティウスの『哲学の慰め』がどこに行ってもおいてあった。それもたいていは店内の棚にはならべてもらえず、何円均一の台に、いかがわしい本と一緒につっこまれていた。値段は安いのである。

一冊求めて読みはじめたけれど、古代末期ローマの、深い教養をもつ高級官僚が、死を覚悟しておのれの精神と交わす対話……それが二十歳にもならない少年に理解できるはずがない。本文のほうはすぐに読むのをあきらめた。しかし、解説には目を通した。そうして、滅びた西ローマ帝国のあとを、ゲルマン族の東ゴートの王国が継いだことに関して記憶を呼びもどし、その王で名君とされたテオデリックとこの哲人官僚ボエティウスのあいだに、はじめは心の通いあう関係があったのに、あとから政治的対立が生じ、ついにテオデリックはボエティウスの死刑を命じたことを知った。そのころの日本は占領軍の事実上の軍政下におかれていたようなもので、なんとなくそこのあたりにひっかけて想像していたことをおぼえている。

その数年後にはドイツ文学を専攻する学生となっていたが、名のみ聞いていたフェーリクス・ダーンの長編歴史小説『ローマ攻防戦』をたまたま手に入れた。フェーリクス・ダーン（一八三四―一九一二）は、本職は法制史の学者で、ヴュルツブルク、ケーニヒスベルク、ブレスラウで教授を勤めていた人物だが、歴史小説、戯曲、詩の分野にも多くの業績を残した。批評家はその文学的活動をあまり重視していないようだけれど、この『ローマ攻防戦』は、ドイツの国民文学のようなもので、たいていの家庭に備えてあるという話を聞いていて、おそらく、吉川英治の『宮本武蔵』のようなものなのだろうと思った。全三巻、千四百ページあまりの大作である。まずその第二、第三巻を銀座の、やがて第一巻を渋谷の古本屋で発見した。値段は貧乏学生でもその場で買えるほどのものだったし、なによりこの幸運としかいえない入手過程には、若いころの筆者を小躍りさせるだけのインパクトがあった。いまなら簡単に注文して取り寄せられるからありがた味などあるはずもないが、当時はそうではなかった。

読んだのは就職したてのころ、静岡でであった。進駐軍放出物資の野戦用折りたたみ式簡易ベッドに寝ころがり、徹夜して読んだ。文芸批評家先生の評価とは関係なく、ひたすらおもしろかった。おもしろくなければ、徹夜などできるはずがない。実は迂闊にも、読みだしたときは、この小説のテーマがなんだか知らなかったのだが。

物語は東ゴートのテオデリック大王の死で始まった。やがて東ローマの遠征軍を迎え、ゴート王国は次々と指導者を替えつつ、イタリアを舞台に死闘をつづける。作家としてのダーンはトティラを描くのにことさら情熱を注いでいた。最後の王テヤの率いる部隊がヴエスヴィオ山麓で玉砕する寸前、ゲルマン仲間のノルマン人の船団が戦いに介入し、ゴート残存部隊を収容していく。こういう史実はなく、ダーンの創作で、いささか唐突な趣きがないでもなかったけれど、それはそれとして、文学作品でもっともだいじなのは、おもしろいということなのではないかと認識させられたものだった。

さらにその数年後、ダーンの種本であるプロコピオスの作品を読みたくなった。このギリシアの史家は同時代人であるのみならず、東ローマ遠征軍の将ベリサリウスの私設秘書だった人物。その『ヴァンダル戦記』『ゴート戦記』はギリシア語で書かれている。筆者のギリシア語はまことにおぼつかない。クセノフォンの『アナバシス』をかろうじて読めるぐらいでは、たとえプロコピオスを入手できたところで、読みおえるのが何年先かわからない。だからドイツ語訳を捜したところ、東京の某大学図書館が一巻を蔵していることを知った。コピー機などという便利なものはまだまだなかったし、館外貸出しはしないとのことなので、その大学図書館に通って読ませてもらうことにした。

そのころは職場を静岡から山形に移しており、夏休みに上京して、その大学の近くに宿をとった。両戦記をまとめて一巻としたその書物はたしか十九世紀発行の古めかしいものだったと記憶する。三、四日で読了したが、それを研究の対象とするつもりは当時はなかったので、ノートなどはとらなかった。

そのころから、このあたりの歴史が筆者にとってだんだん浮き彫りになってきたような気がする。

それからほぼ三十五年して書きあげたのが本書である。われながら執念深いと思っている。むろん、ずっとこの方面の勉強をしてきたわけではない。しかし、三年前に上梓した『カルタゴ興亡史』（白水社）の場合と似て、いつも頭のどこかからはなれなかったテーマであったことは事実だ。

歴史にｉｆは禁物、とは、古来いわれてきたことである。何がどうけしからんのか、そこは定かでないものの、ｉｆを想定してみたい誘惑は、人の想像力にとり、そこを無視して通るにはあまりにも大きい。ひょっとすると、この誘惑の強さのためにこそ、古来それが禁物とされてきたのだろうか。

もし、東ゴートの王国が、建国後わずか数十年で東ローマに滅ぼされなかったら……？ユスティニアヌスとテオドラにあれほど大ローマ帝国再統一の熱意がなく、たとえあっても対ペルシア戦役の緊張がつづき、東ローマとしてはイタリア出兵にまで手がとどかず、そのあいだに東ゴート王国が各方面で十分に力をたくわえていったら……？ことによると、いまイタリアはゴーティアと呼ばれていたかもしれない。古名イタリアのゴーティアとなっていたかもしれない。

この空想にはまるっきり根拠がないわけではないのだ。成功例があるのだから。例とはいまのフランスである。ライン川左岸、ローマの属州ガリアに侵入し、徐々に、かつ確実に地歩をかためていったフランク族は、ある意味では東ゴート族と似た条件で国造りに出発したといえよう。圧倒的多数のケルト人、ローマ人植民者の住む土地に、少数のフランク族が入っていって、いつか強固な国家を建設してしまったのだ。

東ゴートの建国は東ローマ皇帝の承認のもとにおこなわれている。が、フランク族についてはそういうことはなかった。かれらはローマ一属州の簒奪者であった。この点、同じ属州のアフリカを武力で奪ったヴァンダル族のケースに近い。東ローマが失地回復のため、フランク王国を相手に戦いをはじめるとなると、その法的根拠は充分にあった。対東ゴート王国の場合とは比較にならない。

しかし、東ローマはそうはしなかった。できなかった、と、いうべきであろう。フランク王国の本拠パリに大軍を進めるには、どうしてもアルプスという難所を越えなければならない。その場合、兵站線の確保については、アッティラ軍もさんざん苦労したではないか。それに、海軍が使えないことも、東ローマに二の足を踏ませたにちがいない。つまり、フランク族は旧勢力に対抗するのに、戦略的に恵まれた位置にあり、そこを利用して着々と実力をたくわえていったのだ。また、東ゴートとは異なり、同じゲルマン系人的資源の補給が楽だった。広大なゲルマニアととなりあっているのだから当然である。傭兵、冒険家、植民者のかたちで、かれらはぞくぞくとライン川を渡ってきたのだろう。

また、東ローマにとっては、アフリカといい、ガリアといい、所詮は属州にすぎない。古い戦利品のようなもの。失ってもともとという気分がある。しかし、イタリアはそうではない。いまや、コンスタンティノポリスが政治・文化の中心になって、帝国としては滅びた西ローマは勢い衰え、厄介な義理の弟分のような存在に堕したものの、やはり大ローマ帝国発祥の地なのである。父祖の国なのである。アフリカやガリアにくらべて思い入れがまるでちがう。強烈な感傷がその根にある。それが東ゴート王国の不幸だった。戦略的にいっても、東ローマの中心部に近すぎ、敵海軍の活動にはすこぶる便利だった。

テオデリックなどはそういうことを百も承知していて、原住イタリア人の統治では、フランク族などとはちがい、史上稀れなほどおだやかな姿勢を、少なくとも当初はとっていたのに、それでも破滅を防ぐことはできなかったのである。

こうして見ると、やはりランゴバルド族のことに触れないわけにはいかない。これはゴート族の遠縁にあたり、スカンディナヴィアという故郷を同じくするほか、東ゴートの後釜としてイタリアに国を築いたのだから。

むろん、この時代の常として、遠縁とはいっても、東ゴートに協力的だったどころではなく、東ローマのナルセス軍に二万八千の兵を提供して、東ゴート王国の壊滅に一役買っている。しかし、ナルセスは戦役の途中で、このランゴバルド傭兵部隊のあまりの野蛮さにあきれはて、全軍の秩序を乱すものとして解雇してしまった。ウィーンの東、パンノニアの居住地にもどったかれらは、イタリアという土地が温暖で暮らしよく、そこの人々が東ローマの新しい支配に不平満々であることを宣伝した。それが刺激になり、ランゴバルド族は住みなれたパンノニアを去り、イタリアにあらたな故郷を求めようと画策しはじめた。東ゴートに倣ったわけだが、その轍をそのまま踏まぬよう、計画を練ったことではあろう。

移住計画が速やかに進展したのは、となりに住むペルシア系アヴァール族の存在がいろいろな面でわずらわしくなったこともある。五六五年にユスティニアヌス帝が没し、ひそかに恐れていた将軍ナルセスが五六八年に本国へ召還されたことがきっかけとなり、ランゴバルドのアルボイン王は計画の実行に踏みきった。旧領をアヴァール族にゆだね、もしイタリア遠征に失敗した場合には、もどってくるから、そこを返還してもらうと言質をとり（ちょっと信じられないことだが）、かつてテオデリックがたどったのとほぼ同じ道でイタリアに侵入した。

東ローマ駐屯軍は油断していた。完全に虚をつかれもした。駐屯軍に組みこまれたり、許されて領地にもどっていた東ゴート人は、きそってランゴバルド軍にはせさんじた。五七二年にパヴィーアは陥落し、イタリアにおけるランゴバルド王国の首都となった。

ながらくランゴバルド族は異教徒で、六世紀のなかばからアリウス派の布教がなされており、新政府は旧ローマ貴族、大地主、カトリック教会など、親東ローマ勢力にはきびしかったが、一般大衆には懐柔策をとった。

ランゴバルド族にとりさいわいなことには、イタリア駐在東ローマ軍はすこぶる弱体化していた。ナルセスが本国に召還されて、指揮系統が乱れ、対東ゴート戦争のために大挙調達されたさまざまな民族出の傭兵はすでに解雇され、そして、なにより二十年におよぶ戦いのため、さすがの東ローマの国庫も疲弊していた。まさか東ゴート王国の滅亡後、こんなに早くまた新手があらわれようとは思っていなかったろう。さっそく占領された北イタリアを奪還したくても、その余裕がなくなっていた。ユスティニアヌスの後継者にもその熱意が欠けていた。少々うんざりしたというのが本音だったかもしれない。

ともあれランゴバルド族はそのあと比較的順調な発展過程をたどり、さしたる苦労もなくイタリア北部を手中に収めたあと、南部ではスポレト、ベネヴェントの公国も生まれた。若干の海岸地域とローマ市周辺は東ローマ領土であった。

アルボインは五七二年に暗殺された。王の対ローマ人穏健政策に反対する勢力によるものと思われる。アギルウルフ王（五九二―六一五）のとき以来、ランゴバルド族のカトリックへの改宗がすすみ、王国はリウトプランド王（七一二―七四四）のとき、その最盛期を迎えた。これに平行して脱ゲルマン化も進んでいる。古来のローマ文明を吸収しつつ、そこに吸収されてもいった。東ゴートの王国よりよほど長生きであった。それはいまのイタリアのロンバルディーア州に名が残っていることからもうかがえる。

ところが、アイストウルフ王（七四九―七五六）は、心驕って、東ローマ直属領だったラヴェンナを占領し、つづいてローマ市をも脅かし、その結果、教皇の不安と怒りをかってしまった。そのときは時世はすでに変わり、教皇は東ローマにではなく、フランク王国のピピンに援助を要請した。ピピンはただちに兵を出してラヴェンナを奪回して教会に献じ、さらにそのピピンの息子、のちに大帝と称されるカールが七七三年から七七四年にかけてイタリアに遠征し、ついにはランゴバルド王国を併合してしまい、八〇〇年十二月二十五日、ローマで教皇レオ三世により神聖ローマ帝国の冠をさずけられたのは周知の事実である。

地図の地名表記についてだが、古い呼び方と新しい呼び方が混在する結果になってしまった。いまだれもが知っている都市、たとえばミラノ（正しくはミラーノ）などはそのままミラノとし、古名メディオラヌムは記さなかった。ともに記すと、地図がまっくろになってしまう。本文ではその場その場で説明はつけてある。なかには町そのものが消滅し、古名のみが残っているということもあろう。統一を欠くのはほめたことではないけれども、その辺の事情を拝察いただければさいわいである。

本書の出版にあたっては、はじめは白水社佐藤英明氏の、あとからは同梅本聰氏のひとかたならぬ努力をいただいた。ここに感謝を申し述べる。

一九九四年三月

著者

	ラの同盟軍として北フランス、シャロンで敗れる。〔その際、敵対するローマ連合軍の一員としてテオデリック王が戦死〕
454～455	ネダオ河畔の戦い。
456～457	パンノニアに移封される。
459～469	テオデリック（のちの大王）、人質としてコンスタンティノポリスで少年時代を過ごす。
473	テオデリック・ストラボ（481年没）、王となる。東ゴート族、パンノニアからバルカンに移動。
474	テオデリック（のちの大王）、マケドニアで王位につく。
484	テオデリック、執政官に就任。〔アラリック二世〕
488	テオデリック、イタリアへ出発。
493（3月）	ラヴェンナ占領。オドアケルの死。
497	テオデリック、東ローマ皇帝によりイタリア王と認められる。
524	ボエティウスの刑死。
525	シュンマクスの刑死。
526（8月）	テオデリック大王の死。〔アマラリック王〕
526～534	アタラリック王（その母アマラスウィンタが後見）。〔もとテオデリック大王の小姓テウディスが王に。531～548〕
534～536	テオダハド王。
535	アマラスウィンタの殺害。東ローマと開戦。
536～537	東ゴートとフランクとの同盟。
536～540	ウィティギス王。
539	フランク、上イタリアへ侵攻。
541～552	トティラ王。
546（12月）	第一次ローマ占領。
550（1月）	第二次ローマ占領。
552（6月）	ナルセス、ラヴェンナへ入城。
552（6～7月）	ブスタ・ガロルムの戦い。トティラ戦死。
552	テヤ王。
552（10月）	モンス・ラクタリウスの戦い。テヤ戦死。
555	イタリア各所に残った東ゴート族の降伏。

ゴート族関連年表

（東西ゴートへの分裂後は東ゴートを中心に。
〔　〕内は西ゴート関連事項）

分裂前

150ごろ	ビスワ（ヴァイクセル）川の東に居住するとの言及がローマの史料にあり。そのあとウクライナへ移動。
238以降	ドナウ下流地方への侵攻を繰り返す。
248	西ローマ帝ゴルディアヌス三世のペルシア遠征軍にゴート兵参加の事実あり。
251	クニーヴァ率いるゴート軍がアブリトゥス（いまのドブロージア地方。ドナウ下流）へ侵攻。皇帝デモウスはそこで戦死。
253以降	ゴートとその同盟種族がギリシア、小アジアまで小規模遠征をかさねる。黒海の対岸にまで足を伸ばすこともあった。
269	クラウディウス二世帝、ナイスス（いまのセルビアのニーシュ）でゴート軍に大勝。ゴティクスと尊称される。
271	アウレリアヌス帝、ゴート軍を破る。
291	のちに西ゴート族となるテルヴィンギの名がローマ史料にはじめてあらわれる。このころにゴートは二勢力に分裂。

分裂後

369	のちに東ゴート族となるグルツゥンギの名がローマ史料にはじめてあらわれる。〔ワレンス帝との戦い〕
375	フン族の来襲。
375～376	一部がフン族に蹂躙され、エルマナリク王が自殺。
380	西ローマのグラティアヌス帝、東ゴート、アラン、フン族からなる集団をパンノニアに迎え入れ、同盟者として遇す。〔東ローマのテオシウス一世帝と同盟を結び、北トラキアに住む〕
405～406	ラダガイススのイタリア侵入。〔その前後にアラリック王の下でイタリアへ侵入、掠奪〕
451	ワラメル兄弟のアマル家に従う東ゴート族、アッティ

参考文献

Jordanes: Gotengeschichte, übertragen von W. Marteus（Essen, 1986）
Ammianus Marcellinus: Römische Geschichte Ⅲ, Ⅳ, übertragen von W. Seyfarth（Berlin, 1988）
Prokop: Der Gotenkrieg――der Vandalenkrieg, übertragen von D. Costa（Essen, o, J.）

F. A. Ausbüttel: Die Verwaltung der Städte und Provinzen im spätantiken Italien（Frankfurt a. M, 1988）
H. G. Beck: Kaiserin Theodora und Prokop（München, 1986）
F. Dahn: Die Könige der Germanen（Würzburg, 1866-70）
H. de Boor: Das Attilabild（Darmstadt, 1963）
H. Delbrück: Geschichte der Kriegskunst Ⅱ（Berlin, 1921）
F. Gregorovius: Geschichte der Stadt Rom im Mittelalter（Münhen, 1953～57）
R. Hachmann: Die Goten und Skandinavien（Berlin, 1970）
P. Heather: Goths and Romans 332～489（Oxford, 1991）
Der Kleine Pauly, Lexikon der Antike, 5Bde.（München, 1979）
H. Riehl: Die Völkerwanderung（Pfaffenhofen, 1976）
H. Ritter-Schaumburg: Dietrich von Bern, König zu Bonn（München, 1982）
L. Schmidt: Allgemeine Geschichte der germanischen Völker（München, 1909）
H. Schreiber: Die Hunnen（Wien, 1976）
ders: Auf den Spuren der Goten（München, 1977）
ders: Die Vandalen（Bern, 1979）
E. Schwarz: Germanische Stammeskunde（Heildelberg, 1956）
L. Váraidy: Epochenwandel um 476（Budapest, 1984）
R. Wisniewski: Mittelalterliche Dietrichdichtung（Stuttgart, 1986）
H. Wolfram: Die Goten（München, 1990）

G. バラクラフ：『世界歴史地図』（朝日新聞社, 1979）
T. コーネル／J. マシューズ：『古代のローマ』（朝倉書店, 1988）
S. フィッシャー＝ファビアン：『原始ゲルマン人の秘密』（片岡哲史訳、佑学社、1977）
E. ギボン：『ローマ帝国衰亡史』（中野好夫他訳、筑摩書房、1976-1993）

『東ゴート興亡史』一九九四年五月　白水社刊

中公文庫

東ゴート興亡史《ひがしごーとこうぼうし》

東西ローマのはざまにて《とうざいろーまのはざまにて》

定価はカバーに表示してあります。

2003年4月15日　初版印刷
2003年4月25日　初版発行

著　者　松谷 健二《まつたにけんじ》

発行者　中村 仁

発行所　中央公論新社　〒104-8320 東京都中央区京橋 2-8-7

TEL 03-3563-1431(販売部)　03-3563-3692(編集部)　振替 00120-5-104508

Published by CHUOKORON-SHINSHA, INC.
URL http://www.chuko.co.jp/

本文・カバー印刷 三晃印刷　製本 小泉製本
ISBN4-12-204199-6　C1122　Printed in Japan

中公文庫既刊より

B-7-3
カルタゴ興亡史
松谷健二
ローマと三たび戦って破れ、歴史から葬り去られた悲劇の国カルタゴを、その成立から消滅まで、時代に沿って人物像を追い、叙情性豊かに描写する。
ISBN4-12 204047-7

B-7-1
インカ帝国探検記　ある文化の滅亡の歴史
増田義郎
わずか百十数人のスペイン人に滅ぼされた、太陽と黄金の帝国インカ。厖大なスペイン語資料と実地調査で再構成された、躍動感あふれるインカ帝国史。
ISBN4-12 203885-5

B-7-10
マヤ神話　ポポル・ヴフ
レシーノス原訳　林屋永吉訳
アメリカ大陸の創世記といわれる、マヤの神と英雄たちのダイナミックで聖なる古伝説。古代マヤ人の後裔部族が、貴重な口承文学をスペイン語で記録。
ISBN4-12 203884-7

B-7-20
アジア古代文字の解読
西田龍雄
西夏文字の解読者である著者が、ロロ文字、水文字、契丹文字、女真文字などアジアの魅惑的な文字のスリリングな解読物語を紹介する。〈解説〉青木薫
ISBN4-12 204046-9

B-7-11
南島の神話
後藤明
太平洋に広がる南の島々に伝わった神話は、古事記につながる物語だった。ハワイの創世神話「クムリポ」の全容初紹介に一章を割く。文庫書き下ろし。
ISBN4-12 203987-8

B-7-2
インドシナ王国遍歴記　アンコール・ワット発見
アンリ・ムオ　大岩誠訳
アンコール・ワットを再発見、アジアの王国の今世紀初頭の姿を描き、当地で落命した若き学者アンリ・ムオの旅行記。一九四二年刊の名訳。〈解説〉石澤良昭
ISBN4-12 203986-X

B-6-15
宦官　側近政治の構造
三田村泰助
去勢された男子で宮廷に仕えたものを宦官という。活動範囲は地中海からアジアに及ぶが、特に中国で権力を操った、驚くべき実像を鮮やかに描く名著。
ISBN4-12 204186-4

B-6-2
隋の煬帝
宮崎市定
父文帝を殺して即位した隋第二代皇帝煬帝。中国史上最も悪名高い皇帝の矛盾にみちた生涯を検証しつつ、混迷の南北朝を統一した意義を詳察した名著。
ISBN4-12
204185-6

フ-3-1
イタリア・ルネサンスの文化（上）
ブルクハルト
柴田治三郎訳
歴史における人間個々人の価値を確信する文化史家ブルクハルトが、人間個性を謳い上げたイタリア・ルネサンスの血なまぐさい実相を精細に描きだす。
ISBN4-12
200101-3

フ-3-2
イタリア・ルネサンスの文化（下）
ブルクハルト
柴田治三郎訳
本書はルネサンス文化の最初の総括的な叙述であり、同時代のイタリアにおける国家・社会・芸術などの全貌を精細に描き、二十世紀文明を鋭く透察している。
ISBN4-12
200110-2

モ-5-1
ルネサンスの歴史（上）
黄金世紀のイタリア
モンタネッリ
ジェルヴァーゾ
藤沢道郎訳
古典の復活はルネサンスの一側面にすぎない。天才たちのエネルギーを誘発した社会的要因に注目し、史上最も華やかな時代を彩った人間群像を活写。
ISBN4-12
201192-2

モ-5-2
ルネサンスの歴史（下）
反宗教改革のイタリア
モンタネッリ
ジェルヴァーゾ
藤沢道郎訳
政治・経済・文化各面に撩乱と咲き誇ったイタリアは、宗教改革と反宗教改革を分水嶺としてヨーロッパ史の主役から単なる舞台装置へ転落する。
ISBN4-12
201193-0

モ-5-4
ローマの歴史
モンタネッリ
藤沢道郎訳
古代ローマの起源から終焉までを、キケロ、カエサル、ネロら多彩な人物像が人間臭い魅力を発揮するドラマとして描き切った、無類に面白い歴史読物。
ISBN4-12
202601-6

か-18-1
どくろ杯
金子光晴
『こがね蟲』で登場した詩人は、その華麗な輝きを残して、夫人森三千代と、欲望、貧困、喧噪の中国を放浪する。青春と詩を描く自伝。〈解説〉中野孝次
ISBN4-12
200328-8

か-18-4
マレー蘭印紀行
金子光晴
昭和初年、夫人三千代とともに流浪する詩人の旅はいつ果てるともなくつづく。東南アジアの自然の色彩と生きるものの営為を描く。〈解説〉松本亮
ISBN4-12
200524-8

か-18-2
ねむれ巴里　金子光晴
深い傷心を抱きつつ、夫人三千代と日本を脱出した詩人はヨーロッパをあてどなく流浪する。『どくろ杯』につづく自伝第二部。〈解説〉中野孝次
ISBN4-12 200399-7

か-18-3
西ひがし　金子光晴
暗い時代を予感しながら、喧噪渦巻く東南アジアにさまよう詩人の終りのない旅。『どくろ杯』『ねむれ巴里』につづく放浪の自伝。〈解説〉中野孝次
ISBN4-12 200448-9

B-20-1
漢字百話　白川静
甲骨・金文に精通する著者が、漢字の造字法を読み解き、隠された意味を明らかにする。現代表記には失われた、漢字本来の姿が見事に著された好著。
ISBN4-12 204096-5

B-20-2
初期万葉論　白川静
それまでの通説を一新した、碩学の独創的万葉論。人麻呂の挽歌を中心に古代日本人のものの見方、神への祈りが、鮮やかに立ち現れる。待望の文庫化。
ISBN4-12 204095-7

B-20-3
後期万葉論　白川静
『初期万葉論』に続く、中国古代文学の碩学の独創的万葉論。人麻呂以降の万葉歌の諸相と精神の軌跡を描き、文学の動的な展開を浮かび上がらせる。
ISBN4-12 204129-5

B-20-4
詩経　中国の古代歌謡　白川静
中国最古の詩歌集『詩経』はわが『万葉集』と同様の社会基盤の上に成立した。早くから古典化した儒教の聖典を、古代人の風俗と感情から再考する。
ISBN4-12 204130-9

B-20-5
孔子伝　白川静
今も世界中で生き続ける「論語」を残した哲人、孔子。挫折と漂泊のその生涯を、史実と後世の恣意的粉飾とを峻別し、愛情あふれる筆致で描く。
ISBN4-12 204160-0

B-20-6
中国の神話　白川静
従来ほとんど知られなかった中国の神話・伝説を、豊富な学識と資料で発掘し、その成立＝消失過程を体系的に論ずる。日本神話理解のためにも必読。
ISBN4-12 204159-7